학부모회
사용설명서

학부모회
사용설명서

학부모의 슬기로운 학교 참여 이야기

초판 1쇄 발행 2020년 12월 30일
초판 2쇄 발행 2022년 7월 25일

지은이 | 의정부시민교육포럼 '하다'

펴낸곳 | 도서출판 따비
펴낸이 | 박성경
편   집 | 신수진
디자인 | 이수정

출판등록 | 2009년 5월 4일 제2010-000256호
주소 | 서울시 마포구 월드컵로28길 6(성산동, 3층)
전화 | 02-326-3897
팩스 | 02-6919-1277
메일 | tabibooks@hotmail.com
인쇄·제본 | 영신사

ISBN 978-89-98439-85-9 03370
값 15,000원

학부모의 슬기로운 학교 참여 이야기

학부모회
사용설명서

의정부시민교육포럼 '하다' 지음

따비

《학부모회 사용설명서》, 이만큼 실천적이면서 겸손한 책 제목이 있을까? 학부모회 활동 경험이 학부모 손으로 엮여 책이 되어 나왔다. 우리 교육자치의 놀라운 성취를 보여주는 일이라 너무 반갑다. 민원인이 아니며 동원 대상도 아닌 학교자치의 당당한 주체, 학부모와 학부모회. 학부모회가 건강하고 튼튼한 뿌리를 내릴 때 우리 아이들도 더 건강하고 행복한 시민으로 자랄 수 있다. 그 발판을 만들어주신 의정부시민교육포럼 '하다'에 감사드린다.

강민정(국회의원, 국회교육위원회)

학부모의 교육참여가 중요하다고 많은 사람들이 이야기하지만 뭔가 시작하려고 할 때는 늘 막연함을 느낀다. 어디에서 무엇을 어떻게 시작해야 할까? 이 책은 시행착오를 이미 겪은 학부모들이 농축된 실천 경험을 구체적으로 풀어낸다. 학부모는 학부모가 설득해야 한다. 이 책은 구호로 말하는 '학교자치'가 아닌 삶과 문화로 보여주는 '학교자치'의 길을 어렵지 않게 보여주고 있다. 공공성의 가치를 가지고 내 아이가 아닌 우리 아이들을 바라보는 학부모들이 많아질 때 공교육에 희망이 살아난다. 깨어 있는 학부모들이 많아질 때 학교가 바뀐다.

김성천(한국교원대 교육정책전문대학원 교수)

생생한 경험을 바탕으로, 이미 학부모회 활동을 하고 있거나 앞으로 하실 분들에게 정말 좋은 지침서다. 더불어 교육(지원)청마다 현장에 배포하여 학교에서 읽어야 할 필독서가 되었으면 한다.

상상교육포럼

흔히 제품의 사용설명서는 매우 딱딱하고 재미가 없다. 그러나 이 사용설명서는 친절하고 재미있다. 더구나 제품을 설명하는 데에만 그치지 않고 이 제품을 왜 써야 하는지를 잘 알려주고 있다. '학부모의 주체적 참여, 왜 필요할까'와 같이 이론적 접근이 필요한 주제도 누구나 이해하기 쉽게 설명하고 있다. 학부모회의 실무 안내 또한 구체적이다. 이 사용설명서가 소비자(학부모)들에게 제품(학부모회)을 잘 사용하는 지침이 되리라 믿으며, 널리 읽히기를 기대한다.

양용준(경기도교육청 학부모시민협력과 사무관)

본질적 측면에서 볼 때, 교육의 시스템은 민주주의적이어야 하고 지향성은 공익적이어야 하고 과정은 자유로운 결정구조여야 한다. 학교는 시민성을 배우고 민주주의 시스템을 체득하는 곳이기 때문이다. 학부모가 교육 콘텐츠를 구매하는 수요자에만 머문다면 학교교육이 발전하기 어렵다. 학교는 다 함께 만들어가는 곳이다. 힘은 들겠지만, 교육의 수요자이면서 공급자 역할을 학부모가 함께해야 한다.

의정부시민교육포럼 '하다'의《학부모회 사용설명서》발간은 교육의 완성을 위해 시의적절한, 아니 많이 늦었다고 해도 과언이 아닌 긴요한 제안이다. 학부모님께서 교육의 한 주체로 우뚝 서서 적극적 의지를 가지고 행동할 때 우리 교육이 성장하고 완성되리라 확신한다.

유종만(의정부교육지원청 교육장)

의정부교육지원청 교육장으로 근무하면서 가장 주목했던 것이 '학부모회 활동'이었다. 학년 초에 학교장과 학부모회장, 학교운영위원장이 함께 하는 '학교장 지구장학 협의회'에 참석해 학부모회의 활동에 대해 설명을 들은 기억이 있다. '어떻게 학부모회에서 저런 일들을 할 수 있지?' 하고 놀랐고, '학부모회가 저런 주체의식을 가지고 학교교육에 참여한다면 우리 교육에 희망이 있다.'라는 확신도 들었다.

이런 의식 있는 학부모들이 모여 의정부시민교육포럼 '하다'를 발족시켰다. 거기에 수년간 학부모회 활동을 하면서 '현장에서 길어 올린 노하우'를 담은 《학부모회 사용설명서》까지 발간한다고 하니, 학부모 모두를 위한 감동의 발걸음이다. 아무쪼록 이 책이 더 좋은 학교, 더 좋은 교육을 고민하는 많은 학부모들께 훌륭한 학부모 역할을 안내하는 지침서가 되기를 기대한다.

윤계숙(동인초등학교 교장, 전 의정부교육지원청 교육장)

경기도에서 전국 최초로 학부모회 지원 조례를 제정하고, 학부모지원전문가 제도를 도입한 지 8년이 되었다. 이 책은 그동안 현장에서 치열하게 실천해온 학부모지원전문가와 학부모회 활동가들의 성과를 담고 있다. 또한 우리 교육이 나아갈 미래를 그리는 책이기도 하다. 미래 학교에서는 학부모와 지역사회가 교육의 주체로서 참여할 것이기 때문이다. 8년 전 학부모회 지원 조례 제정과 학부모지원전문가 도입에 관여했던 한 사람으로서 이 책을 위해 뜻을 모아주신 여러분께 진심으로 감사드린다.

이광호(대통령 직속 국가교육회의 기획단장, 전 청와대 교육비서관)

《학부모회 사용설명서》를 한 장 한 장 읽어 내려가며 마치 동영상을 보는 듯했다. 직접 마주 보고 서로 얘기하는 것처럼 말소리와 표정이 글 속에 그대로 드러났기 때문이다. 이론적 교과서가 아니라 현장에서 학부모들이 학교 활동을 하면서 겪었던 생생한 경험들을 토대로 만들어진 아주 유익한 매뉴얼이다.

처음 학부모회 활동에 참여할 때는 자의와 타의가 섞이고 이유도 다양하다. 그러나 활동의 마침표는 학부모가 학교에서 교육의 한 주체로 당당하게 인정받는 것이다. 이 책에 학부모들의 그런 염원이 담겨 있다. 이 책이 경기도를 넘어 전국에 널리 배포되어 학부모들의 갈증을 조금이나마 해소해주는 마중물이 되기를 바란다.

최은순(참교육을 위한 전국학부모회 전 회장)

학부모들이 쓴 자녀교육 책은 꽤 많지만 학부모회 활동에 관한 책은 드물었다. 그런데 학부모회의 개념부터 활동 방법까지 전반에 걸쳐 학부모들이 직접 설명한 책이 나와서 참으로 반갑다. 이 책을 들자마자 술술 읽었다. 단순한 이론이나 딱딱한 해설이 아니라서 그랬다. 학부모가 학부모회 활동에 참여하면서 얻어낸 지혜로운 경험담이라서 얼른 가슴에 다가왔다. 이 책을 읽는 학부모들이 많아질수록 학부모회 활동이 즐겁고 보람될 것 같다. 나아가 내 아이뿐만 아니라 우리 아이들 교육이 튼튼해지고 학교민주주의가 활짝 꽃피어나리라.

최창의(행복한미래교육포럼 대표, 전 경기도율곡교육연수원장)

슬기로운 학교 참여를 위한 필수 코스, '학부모회'에 오신 것을 환영합니다!

'학부모회' 하면 무엇이 떠오르나요? 극성 엄마들의 끼리 끼리 치맛바람? 내 아이에게 조금이라도 도움이 된다면 학교에 출근도장이라도 찍는 지극정성 어머니들? 아침마다 교통봉사를 하는 '녹색어머니'를 떠올리는 분들도 있겠죠. 아마도 "단위 학교 학부모들이 교육공동체의 일원으로 교육활동에 참여하여 학교교육 발전에 이바지하는 것을 목적으로 만든 기구"(경기도교육청, 《학부모회 핸드북》)라는 사전적 정의를 떠올리는 분들은 거의 없으실 거예요. 그래도 "학교 발전을 위해 뜻있는 학부모들이 모여서 열심히 활동하는 곳"쯤으로 생각하신다면, 여러 해 동안 나름 학부모회 활동을 열심히 해온 입장에서 고맙다는 말씀을 드리고 싶습니다.

저희도 처음에는 그랬습니다. '이제 내 아이가 학교에 들어가니, 나도 학부모회에 들어가서 열심히 활동해야겠다!'는 생각 따위는 꿈에도 안 했다는 말씀입니다. 아니, 학부모가 되면 자동적으로 해당 학교 학부모회의 일원이 된다는 사실도 잘 몰랐습니다. 그저 우리 아이들을 위해 뭐라도 하고 싶어서, 아는 엄마가 같이 하자고 해서, 혹은 멋모르고 학부모회 총회에 참석했다가 담임선생님의 간곡한(?) 부탁으로 학부모회 활동을 시작하게 되었죠. 아주 가끔은 학교에서 황당한 경험을 한 후 '나라도 나서서 학교를 바꿔야겠다!'는 심정으로 참여하게 된 경우도 있고요.

시작하게 된 계기야 어찌되었건, 기왕 하는 것 잘해보고 싶은 마음은 모두 같았습니다. 아이들을 위한 봉사활동에 열심히 참여하고, 등교 맞이나 독서 행사에 손을 보태고, 다른 학부모님들의 목소리를 모아 학교에 전달하는 역할도 하게 되었죠. 그러다 보니 학급 대표나 학년 대표를 맡고, 학부모회 임원이 되기도 했어요. 그런데 학부모회 활동을 열심히 할수록 마음 한편에서는 고민도 커졌습니다. 아무리 열심히 좋은 활동을 준비해도 학부모들의 참여는 저조하고, 학교에서는 학부모를 '단순 자원봉사자'로만 취급하는 것 같아 속이 상하기도 했거든요.

떠밀리듯 학부모회장을 맡기라도 하는 경우엔, 무엇을 어떻게 해야 할지 머릿속이 하얘지기도 했습니다. 전임 회장님이 인수인계를 잘해주시면 그나마 나았지만, 아쉽게도 그렇지 않은 학부모회가 더 많으니까요. 학교를 바꿔보고자 적극적으로 나선 경우에도 어렵기는 마찬가지였어요. 도무지 무슨 말을 해도 요지부동인 학교를 상대하다 보면 자괴감만 쌓이게 마련이었죠.

다행히 이런 고민을 하는 학부모 여럿이 모이니 서로에게 큰 힘이 되었습니다. 계기는 경기도교육청에서 운영하는 '경기교육사랑 학부모네트워크'였어요. 같은 지역의 학부모회 임원들이 모여서 서로의 고민을 털어놓는 것만으로도 위로가 되었죠. 학부모회에 필요한 정보와 운영 노하우를 나누니 실질적인 도움이 되었고요. 여기에 교육지원청의 학부모 지원전문가께서 언제나 든든한 버팀목이 되어주었답니다. 그런 가운데 비슷한 문제의식을 가진 학부모 몇몇이 더 좋은 학교, 더 좋은 교육을 위해 모였어요. 조금은 거창하게 "의정부시민교육포럼 '하다'"라는 이름도 정했지요. 우선 '내 아이를 위한 이익단체'나 '단순한 봉사단체'를 넘어서 교육의 주체로 참여하는 학부모회를 만들기 위해 노력하기로 했습니다. 그래서 이 책을 쓰게 되었습니다.

《학부모회 사용설명서》는 우리 아이들을 위해 뭐라도 하고 싶은 분들, 그렇게 학부모회 활동을 시작하신 분들, 그러다 학부모회 임원이 되신 분들을 위한 책입니다. 먼저 학부모회가 어떤 곳인지 꼼꼼히 살펴보고, 학부모가 교육의 주체로 참여하기 위해 꼭 알아야 할 것들—학교운영위원회, 소위원회와 기타 위원회 등등—을 설명합니다. 이어지는 '실전 학부모회 A to Z'에는 학부모회 총회에서 인수인계, 대의원회, 학교교육 모니터링과 각종 행사까지 학부모회 운영을 위한 실질적인 정보와 노하우를 담았습니다. 1년 동안의 타임 스케줄에 맞춰놓았으니, 이것만 보셔도 한 해 동안의 학부모회 운영이 한눈에 들어올 거예요.

다음 장에서는 한 걸음 더 나아가 각종 위원회에 대해 알려드립니다. 학교에는 급식소위원회부터 예·결산소위원회, 학교자체평가위원회 등 다양한 위원회가 있고, 거기에는 학부모들의 참여가 보장되어 있어요. 이런 위원회 활동이 어떻게 이루어지느냐에 따라 학교교육의 질이 달라집니다. 우리 아이들에게 더 좋은 급식, 더 좋은 학교 도서관, 더 좋은 방과후학교, 더 좋은 현장체험학습을 제공하고 싶다면 들러리를 넘어서는 학부모 참여가 꼭 필요합니다.

마지막은 '매뉴얼에 안 나오는 학부모회 운영 노하우'입니다. 학교와는 어떻게 관계를 맺어야 하는지, 내 맘 같지 않은 학부모들과는 어떻게 소통하는지 등을 알려드려요. 모두 어느 교육청 《학부모회 운영 매뉴얼》에도 없는, 저희가 현장에서 길어 올린 노하우들입니다.

이 책을 준비하는 동안 '코로나19 사태'가 터졌습니다. 코로나19 탓에 우리 교육은 한 번도 가보지 않은 길을 가야 했고, 학부모회 또한 예외가 아니었지요. 자연스럽게, 과연 지금까지 우리가 준비한 내용이 새로운 시대의 학부모회에도 맞는가, 하는 고민이 생겼습니다. 여러 번 토론을 거치면서 "그럼에도 불구하고 학부모가 교육 주체로 바로 서서, 학교와 충분히 소통하고, 학교교육에 참여한다는 원칙은 변함이 없다."는 결론에 이르렀습니다. 이를 위해 《학부모회 사용설명서》를 세상에 내놓게 되었습니다. 이 책이 더 좋은 학교, 더 좋은 교육을 고민하는 학부모님께 도움이 되었으면 좋겠습니다. 새로 임기를 시작하는 학부모회 임원님들께 실질적인 참고 자료가 되었으면 좋겠습니다. 더 나아가 교장·교감선생님이나 교무부장 선생님, 학부모회 담당 선생님께서 학부모회를 새롭게 바라보는 계기가 되었으면 좋겠습니다.

2020년 12월
의정부시민교육포럼 '하다'

차례

part 2

실전 학부모회 A to Z
- 현장에서 경험하는 학부모회의 모든 것

Part 1

어서 와, 학부모회는 처음이지?
학부모회의 이론과 실제

01

학부모회가 뭐야?
잃어버린 '교육 3주체'를 찾아서

혼히 학생과 교사, 그리고 학부모를 '교육 3주체'라고 합니다. 이들이 동등하게 손을 맞잡고 교육공동체인 학교를 꾸려가야 한다는 뜻입니다. 그런데 뭔가 이상하네요. 학생과 교사는 그렇다 치고, 학부모가 교육의 주체라뇨? 가정교육의 주체라면 모를까, 학교교육에서 학부모는 '든든한 후원자'가 아니던가요? 때로 '골치 아픈 민원인'이기도 하고요. 맞습니다. 학부모가 후원자나 민원인에 머문다면 교육의 주

체가 될 수 없습니다. 잃어버렸던 교육 주체 학부모의 역할,
바로 학부모회에서 찾을 수 있답니다.

대한민국 학교의 흔한 학부모회 총회 풍경

아직 코로나19가 유행하기 전, 경기도 신도시의 한 초등
학교 강당에서 학부모회 총회가 열렸습니다. 시간은 평일 오
후 2시. 맞벌이 학부모님들은 참석하기 어려웠지만, 그래도
꽤나 많은 분이 와서 자리를 대부분 채웠어요. 강당 앞에는
다음과 같은 총회 식순이 붙어 있었죠.

> | 식순 |
> 1. 개회사
> 2. 국민의례
> 3. 감사장 전달
> 4. 학교장 인사
> 5. 교직원 소개
> 6. 학교 교육과정 및 현황 안내
> 7. 학부모연수
> 8. 학교운영위원회 학부모위원 선출

9. 학부모회 임원 선출

10. 폐회사

• 폐회 후 각 반에서 학급 교육과정 설명회가 이어집니다.

　　사회는 교무부장 선생님이 맡으셨습니다. 총회 진행은 익숙하신 듯, 전임 학부모회 임원 감사장 전달에서 학교 교육과정 및 현황 안내까지 일사천리로 진행됩니다. 불법 찬조금 근절에 대한 학부모연수는 미리 나눠준 자료로 갈음하니 학부모들이 좋아하네요. 학교운영위원회 학부모위원 선출과 학부모회 임원 선출은 학부모 선출관리위원장이 진행했습니다. 모두 정원에 딱 맞게 입후보한 덕분에 무투표 당선으로 선출되었어요. 사실은 자발적으로 입후보한 사람이 없어서 교장선생님의 권유로 전교어린이회 회장과 부회장 엄마들이 학부모회 회장과 부회장, 감사로 출마한 것이지만요. 아무튼 교무부장 선생님이 미리 시나리오까지 준비해주셔서 편하게 진행했습니다.

　　폐회 후 각 반에서 진행된 학급 교육과정 설명회에는 시작부터 묘한 긴장감이 흘렀습니다. 여기서 학급 대표와 부대표, 급식 모니터링, 도서봉사 도우미 등을 뽑아야 했으니까요. 6명의 학부모가 모인 한 교실에서는 담임선생님이

"각오는 하고 오셨죠?" 하시며 웃습니다. 학부모들도 말없이 따라 웃지만, 어째 분위기가 좀 어색하네요. 처음에 선생님은 학부모들의 자발적 참여를 요청했어요. 하지만 침묵만 흐를 뿐, 아무런 반응이 없네요. 눈치를 살피던 담임선생님이 이번엔 다른 학부모를 추천해주십사 부탁했습니다. 이런, 그래도 어색한 침묵만 이어지는군요. 마침내 선생님이 무언가 결심(?)을 하신 듯, 학급 학생회장과 부회장 학부모를 찾았습니다. 그런데 이게 웬일입니까? 두 분 다 자리에 없는 거예요. 결국 학급 대표와 부대표는 담임선생님이 학급 학생회 임원 학부모에게 연락해서 부탁하기로 했습니다.

아직도 급식 모니터링과 도서봉사 도우미 선정이 남았습니다. 여전히 침묵만 흐르니 선생님의 목소리가 거의 읍소 수준으로 바뀌었습니다. 그래도 자원하는 학부모가 없자 선생님의 목소리 톤이 조금 높아졌어요.

"이렇게 시간을 끄시면 학급운영 설명 시간이 점점 줄어듭니다. 어서 결단을 내려주시죠!"

결국 몇몇 학부모의 결단(!)으로 학급 학부모회 구성을 마치게 되었습니다. 진이 다 빠진 듯한 선생님의 학급 교육과정 설명회는 10분 남짓 만에 마무리되었고요.

대한민국 학교의 또 다른 학부모회 총회 풍경

역시 코로나19가 유행하기 전, 경기도의 또 다른 신도시 중학교 강당에서도 학부모회 총회가 열렸습니다. 시간은 토요일 오전 10시 30분. 주말 오전이라서일까요? 자리를 가득 채운 학부모 중에는 아빠도 절반 가까이 되었습니다. 강당 앞에 붙은 식순도 방금 살펴본 학교랑은 사뭇 다르네요.

| 식순 |

1. 개회 선언

2. 교육공동체 헌장 낭독

3. 학부모회 활동 보고

4. 결산 및 감사 보고

5. 학교운영위원회 학부모위원 선출

6. 학부모회 임원 선출

7. 학생자치회 인사

8. 신·구 임원 및 학부모회장 인사

9. 학교 교육과정 설명회

10. 학부모의 약속 낭독

11. 폐회 선언

• 폐회 후 축하공연이 이어집니다.

    사회는 선생님이 아니라 전년도 학부모회장이 맡았습니다. 학부모회장이 개회 선언을 하자 강당이 떠나갈 듯 환호와 박수가 터지네요. 교육공동체 헌장은 이 학교의 학생, 교사, 학부모들이 머리를 맞대고 만든 규범이랍니다. 학교가 지향하는 모습과 그걸 이루기 위해 지켜야 할 일들을 담았다는군요. 모두 한목소리로 헌장을 낭독한 후, 학부모회 활동과 결산, 감사 보고 등이 이어집니다. 전년도 학부모회장님이 지난 한 해 활동을 돌아보며 감회를 말씀하시니, 학부모들이 다 같이 눈물까지 글썽이며 뭉클해지는 분위기네요.

    학교운영위원회 학부모위원은 4명 정원에 6명이 입후보했습니다. 학부모 선출관리위원장의 진행으로 정견 발표 시간을 가졌습니다. 자못 진지하게, 때로는 유머를 섞은 발표를 경청한 뒤에 미리 준비된 기표소에서 투표를 했어요. 정원에 맞게 출마한 학부모회 임원에 대한 찬반 투표도 같이 이루어졌지요.

    개표를 하는 동안 학생자치회장이 나와 인사말을 했어요. 부모님들 보시기엔 아직 어리고 미덥지 않겠지만, 그래도 믿어달라고, 믿는 만큼 우리도 성장할 수 있다고 말합니다. 마음을 담은 한마디 한마디에 학부모들도 연신 고개를 끄덕이는군요. 강당이 떠나갈 듯한 박수 뒤에 새로운 학교운영위원회 학부모위원들과 학부모회 임원들이 발표되었습니다. 신·구 임원이 서로를 꼭 안고 나서 소회와 각오를 말했고, 다시 한 번 환호와 박수가 이어졌지요.

학교 교육과정 설명회는 교장선생님이 맡으셨습니다. 학생과 교사뿐 아니라 학부모도 학교의 주인이라고 강조한 후, 이 셋이 함께 만들어가는 우리 학교의 올 한 해 계획에 대해 말씀해주셨어요. 간단한 질의 응답이 이어진 뒤, 모든 학부모가 일어서서 '학부모의 약속'을 한목소리로 낭독했습니다.

"하나, 내 아이를 남의 아이와 비교하지 않겠습니다.

하나, 아이에게 바라는 생활방식은 나부터 실천하겠습니다.

하나, 선생님의 자율성, 전문성을 최대한 존중하겠습니다. ……"

이건 교육공동체 헌장을 제정하면서 같이 만든 다짐입니다. 교사와 학생의 약속도 따로 있답니다.

폐회 선언 뒤에는 학급 교육과정 설명회 대신 축하공연이 이어졌습니다. 학부모 동아리와 학생, 선생님들이 축하공연을 준비해주셨어요. 아, 그럼 학급 교육과정 설명회와 학급 대표 선출 등은 언제 하냐고요? 그건 따로 날을 잡아 한답니다. 이 학교에서는 대부분의 학급에서 한 달에 한 번쯤 반 모임을 하거든요. 물론 담임선생님도 함께하시죠. 이때는 선생님이 요청, 읍소, 강요하는 대신 학부모들이 주도적으로 학부모 조직을 구성한다네요.

학부모의 주체적 참여, 왜 필요할까

어떻습니까? 두 학교의 총회가 많이 다르죠? 그중에서도 가장 큰 차이는 학부모회 총회를 학교에서 준비하고 진행하느냐, 학부모들이 준비하고 진행하느냐 하는 겁니다. 그 결과 전자는 학교 교육과정과 학급 교육과정 설명회에 학부모회 총회가 끼어들어간 형국이고, 후자는 학부모회 총회에 학교 교육과정 설명회가 더해진 모습이 되었어요. 아마도 여러분은 전자의 총회 모습이 더 익숙하실 거예요. 원래 총회란 그런 것 아닌가, 하고 생각하는 분들도 계실 거고요.

하지만 학부모회 총회란 이름 그대로 "학부모 전체가 참여하는 학부모회의 최고의결기구"(경기도교육청,《학부모회 운영 매뉴얼》)입니다. 학생'자치'회처럼 학부모회도 학부모들이 참여하는 자치기구이니, 총회를 학부모들이 주도해 준비하

고 진행하는 것이 당연하죠. 물론 교무부장 선생님과 학부
모회 담당 선생님 등이 큰 도움을 주시지만 말입니다.

점점 더 많은 학교가 후자의 총회를 지향하고 있지만 아
직 이 정도까지는 이르지 못한 학교가 훨씬 더 많은 것이 현
실이지요. 저희도 아직 멀었습니다. 총회를 준비하면서 학
부모들의 참여가 저조할까봐 학급 교육과정 설명회를 '끼워
넣기' 한 경우가 대부분이거든요. 그러느라 시간도 평일 오
후를 벗어나지 못했고요. 학급 대표, 부대표 선출을 학부모
회 자체적으로 했지만 결국 필요한 인원을 다 채우지 못해
담임선생님들께 도움을 요청하기도 했죠. 그래도 학부모회
가 주도적으로 총회를 준비하고, 전임 학부모회장이 사회를
맡는 등 총회를 진정한 '학부모회 행사'로 치르기 위해 노력
하고 있답니다.

그런데 여기까지 읽으시다가 가슴이 답답해지면서 이런
생각이 드는 분이 계실지도 모르겠네요.

"바빠 죽겠는데, 꼭 학부모회 활동을 해야 하나요? 그냥
학교에서 다 알아서 해주면 좋잖아요. 학부모회랑 아이들
교육이랑 무슨 상관이 있나요? 원래 교육은 학교에서 선생
님들이 알아서 해주는 거 아닌가요? 학부모들은 필요할 때
자원봉사나 좀 하면 되고요."

언뜻 지당하신 말씀입니다. 단, 그렇게 해도 더 바랄 것 없이 좋은 학교로 운영될 수 있다면요. 하지만 우리 모두가 알다시피, 현실의 학교는 그렇지 않습니다. 현실의 학교들이 나쁘다는 게 아닙니다. 학부모들이 주체적으로 참여하면 훨씬 더 좋아질 수 있다는 이야기예요.

이건 앞서 학부모들이 주체적으로 총회를 준비한 학교만 보아도 알 수 있어요. 이 학교의 학부모회는 반 모임과 학년 모임을 통해 학부모들의 의견을 적극적으로 수렴하고 학교와 원활히 소통하고 있답니다. 한 걸음 더 나아가 학부모들이 함께 참여하는 독서교육과 현장체험학습 등을 통해 교육의 질도 높였지요. 당연히 학부모들의 교육만족도가 높아지고 학교와 선생님에 대한 신뢰도 깊어졌어요. 공식적인 루트를 통한 소통이 활발하니 다른 학교에 흔히 있는 '카더라 통신'과 불필요한 오해도 사라졌죠.

이렇듯 학부모회가 학생, 교사들과 손을 잡고 더 좋은 학교를 만든 사례는 드물지 않습니다. 학교 분위기를 바꾸고, 수업을 바꾸고, 공간을 바꾼 경우도 많아요. 학부모회가 적극 나서서 폐교 위기에 몰린 학교를 살리고, 여러 가지 위기 상황에 놓인 학교를 구해낸 사례도 있답니다.

여기서 또 하나 생각해볼 문제가 있습니다. 만약 학교가 더 바랄 나위 없이 완벽하거나, 그 정도는 아니어도 다른 학교에 비해 아주 만족할 만하다면, 학부모의 학교교육 참여는 필요 없는 것일까요? 그렇지 않습니다. 대한민국의 주권이 국민에게 있듯이, 미성년 자녀의 교육권은 학부모에게 있기 때문이에요. 국민이 선거를 통해 주권을 대표자에게 위임하듯 학부모 또한 국가를 통해 교육권을 학교에 위임한 겁니다.* 국민이 정치를 대통령과 국회의원에게만 맡기고 나 몰라라 한다면 나라가 제대로 운영될 수 없듯이, 학부모가 자녀교육을 학교에만 맡기고 참여하지 않으면 학교교육이 제대로 이루어질 수 없지요. 정치 참여가 민주시민의 권리이자 의무이듯 학교교육 참여는 학부모의 권리이자 의무입니다.

좋은 학교 찾기? 좋은 학교 만들기!

지금까지 우리 학부모들은 좋은 학교를 찾아가는 것에만 익숙했습니다. '맹모삼천지교'를 외치면서 내 아이를 더 좋은 학교에 보내기 위해서 먼 곳까지 이사도 불사했죠. 덕분

---

* 오재길 외(2016), 《학부모 교육주체화 방안 연구》, 경기도교육연구원, p. 30.

에 시골이라도 좋은 학교라는 소문이 나면 마을 집값이 다락처럼 뛰기도 했고요. 이건 당연히 자녀교육을 위해 좋은 방법입니다. 하지만 더 좋은 방법이 있습니다. 바로 내 아이가 다니고 있는 학교를 더 좋은 학교로 만드는 거예요. 사실이 두 가지는 양자택일의 문제가 아니에요. 아무리 좋은 학교도 더 좋아질 여지는 있으니까요. 좋은 학교를 찾아가서 더 좋은 학교로 만들면 더욱 좋겠죠. 실제로, 좋다고 소문난 학교는 학부모들의 학교 참여가 활성화된 경우가 많아요. 또한 이런 참여는 학교의 요청뿐 아니라 자발적인 학부모회 활동을 통해 이루어진답니다.

그러니까, 지금 내 아이의 학교가 동네방네 좋다고 소문난 곳이 아니라면 학부모의 학교 참여가 더욱 중요합니다. 좋다고 소문난 곳도 저렇게 열심이니까 말이에요. 학부모들이 앞장서서 더 좋은 학교를 만들 수 있다면 굳이 좋은 학교를 찾아서 이사 갈 필요도 없겠지요. 하지만 이런 질문을 하실 수도 있겠네요.

"어느 천년에 더 좋은 학교를 만드나요? 우리 아이 졸업은 얼마 남지도 않았는데요."

두 가지 대답을 드리고 싶습니다. 우선 학부모가 제대로 역할을 하면 생각보다 변화가 빨리 일어납니다. 얼마 지나지 않아 급식이 좋아지고 체험학습 수준이 달라질 수 있어요. 언뜻 소소한 변화처럼 보이지만, 이걸로 학교 분위기가 바뀌고 아이들의 교육환경도 더 좋아지게 되죠. 또 하나, 학부모회 활동을 통해 학교뿐 아니라 학부모도 변하게 됩니다. 학교와 선생님을 더 잘 이해하게 되고, 아이들에게 필요한 게 무엇인지 더 잘 알게 되지요. 작지만 확실한 학교의 변화를 이끌면서 자신도 성장하게 됩니다. 내 아이만 보던 눈이 우리 아이들을 보게 되고, 선생님과 학교에 대한 불만 대신 이해와 신뢰가 쌓이게 되지요. 이런 우리의 모습을 보면서 아이들도 더 잘 크게 되고요. 그래서 우리는, 아직 부족하지만, 아이들 교육을 고민하는 분들을 만나면 자신 있게 이야기합니다.

"아이를 더 좋은 학교에 보내고 싶으세요? 그럼 우리 함께 더 좋은 학교를 만들어요!"

국민이 정치를 대통령과 국회의원에게만
맡기고 나 몰라라 한다면
나라가 제대로 운영될 수 없듯이,
학부모가 자녀교육을 학교에만 맡기고
참여하지 않으면 학교교육이
제대로 이루어질 수 없지요.
정치 참여가 민주시민의 권리이자
의무이듯 학교교육 참여는
학부모의 권리이자 의무입니다.

02

비교 비교,
옛날 학부모회 vs 요즘 학부모회

학부모가 교육의 주체로 참여하는 학부모회가 생긴 건 그리 오래된 일이 아닙니다. 이전에는 이름도 학부모회가 아니었죠. 후원회, 사친회, 기성회, 육성회 혹은 어머니회 등으로 불렸으며 구성과 하는 일도 달랐어요. 예전 기억을 간직한 분들은 지금도 학부모회에 대한 오해와 부정적인 인식을 가지고 있기도 합니다. 옛날 학부모 조직은 어떠했기에 안 좋은 기억으로 남은 걸까요? 지금 학부모회는 어떤 점이 달라진 걸까요? 지금부터 하나씩 알아보도록 하겠습니다.*

후원회에서 육성회까지, 옛날 학부모회 살펴보기

우리나라 학부모회의 원조(?)는 해방 직후 생겨난 '후원회'입니다(1948~1952). 후원회라는 이름 그대로 열악한 학교 재정을 지원하는 학부모들의 자발적인 후원 조직이었죠. 이때만 해도 나라가 가난해서 학교를 제대로 운영할 수 있는 돈이 없었거든요. 그래서 경제적 여유가 있는 학부모들이 후원회를 조직해서 새로운 교실을 짓고, 교원들의 복리 후생비를 지원했어요. 이 시기 초등학교 예산에서 후원회비가 차지하는 비중이 무려 70퍼센트 이상이었답니다. 처음에는 자발적이었지만 시간이 흐르면서 누구나 의무적으로 내야 하는 돈이 되었다네요. 그런 탓에 부작용도 많았지만, 그래도 후원회 덕분에 학교가 유지될 수 있었다고 합니다.

후원회는 이후 사친회((1953~1962), 기성회(1963~1970), 육성회(1970~1996)로 이름이 바뀌지만, 하는 일은 별로 달라

---

* 옛날&요즘 학부모회 관련 내용은 '오재길 외(2016), 《학부모 교육주체화 방안 연구》, 경기도교육연구원'을 주로 참고했습니다.

지지 않았습니다. 학교에서 필요한 예산을 지원하는 것이 가장 큰 일이었죠. 사친회부터는 정부에서 공식적으로 조직을 만들어 운영했어요. 그러면서 '학부모의 교육참여'를 강조하기도 했지만, 실제로는 대부분 재정 지원에 머물렀습니다. 아마도 이 책을 읽는 학부모님들은 '육성회'라는 이름이 가장 익숙할 거예요. 학교에 '육성회비'를 가져간 기억이 있으실 테고요. 그런데 이 무렵 학교에서 학부모에게 걷는 돈은 육성회비만이 아니었습니다. '폐품 수집비'에서 '소년체전 지원비'까지 수십 가지 명목으로 돈을 거둬들였죠. 이런 돈은 결국 담임선생님이 책임지고 거뒀기에 교육현장의 문제가 되었습니다.

이 과정에서 '육성회장'을 비롯한 몇몇 학부모가 과도한 영향력을 가지고 학교나 학급 교육에 부당하게 간섭하는 일이 벌어지기도 했지요. 소위 '치맛바람'이 생겨난 겁니다. 내가 학교에 남들보다 더 많은 돈을 냈으니, 내 아이도 특별한 대우를 받아야 한다고 생각한 것이죠. 학부모 조직(육성회)의 임원을 맡아서 학교에 출입하는 것을 부정적으로 보는 인식이 바로 여기서 비롯되었습니다.

한편, 1983년부터는 육성회와는 별도로 '새마을어머니회'가 운영되었습니다. 이 또한 정부 주도로 생겨났는데, 이름에서 알 수 있듯이 '학교 새마을운동'을 위해서 만든 조직이었어요. 새마을어머니회는 교양강좌 등 학부모교육과 회원간 친목활동, 학교와 지역사회 봉사활동을 했답니다. 주로 재정 지원에 머물렀던 육성회보다는 분명 한 발 더 나아간 활동이었죠. 하지만 새마을어머니회는 참여를 원하는 일부 학부모만으로 조직되었고, 많은 경우에 부유하고 학업 성적이 우수한 학생들의 학부모를 중심으로 운영되었어요. 그런 탓에 육성회처럼 보통 학부모들의 따가운 시선을 피할 수 없었답니다.

학교운영위원회와 학부모회의 탄생

주로 학교 재정 지원을 하던 학부모 조직의 성격이 결정적으로 변하게 된 계기는 학교운영위원회의 탄생입니다. 1996년부터 본격 운영되기 시작한 학교운영위원회는 학교 운영을 심의 혹은 자문하는 기구입니다(학교운영위원회에 대해서는 잠시 뒤에 더 자세히 살펴볼게요). 여기에 학부모위원이 참여함으로써 학부모는 우리나라 역사상 처음으로 '재정 지원자'나 '자원봉사자'에서 '교육의 주체'로 인정받게 되었죠. 더구나 학교운영위원회는 1998년 '초·중등교육법'에서 의무사항으로 규정되면서 법정기구가 되었습니다. 학부모가 교육의 주체라는 사실을 법률에 명시한 셈입니다.

학교운영위원회가 생기면서 기존의 육성회는 점차 폐지 수순을 밟게 됩니다. 여기에는 두 가지 배경이 있습니다. 우선 국가의 교육 예산이 크게 늘면서 육성회의 재정 지원 기능이 필요 없어졌어요. 1980년대 후반에서 1990년대 초반까지 '단군 이래 최대 호황'을 누리면서 나라 예산 규모가 커졌고, 그중 교육 예산은 더욱 많이 늘어났으니까요. 거기다 1980년대 후반부터 사회 전체에 불던 민주화 바람도 영향을 주었습니다. 이전까지 중앙정부와 학교장이 좌우하던 학교 운영 방식을 민주적으로 바꿔야 한다는 공감대가 형성된 거예요. 덕분에 학교장과 교사, 학부모, 지역주민까지 다양한 교육 주체가 참여하는 학교운영위원회가 태어나게 된 거랍니다.

학교운영위원회와 함께 '학부모회'도 생겨났습니다. 학부모 조직이었던 육성회가 폐지되면서 별도의 학부모 조직이 필요하게 되었거든요. 이번 기회에 기존의 어머니회까지 흡수해서(새마을어머니회가 1988년부터 어머니회로 바뀌었어요), 새로운 학부모 조직을 만든 것이죠. 하지만 이때만 해도 학부모회의 설립은 의무가 아니라 '권장사항'이었습니다. 학부모회의 성격과 하는 일도 기존의 어머니회와 크게 다르지 않았어요. 교육부에서 예시한 학부모회 규정에 따르면 학부모회는 "학교교육 발전을 위한 지원활동과 회원 상호간의 친목을 도모함을 목적"으로 했습니다. 학교운영위원회를 통해 학부모를 교육 주체로 인정했지만 학부모회는 여전히 '교육 지원자'로 머물러 있던 것이지요. 또한 학교운영비를 지원할 수 있게 하면서 육성회의 기능도 일부 남겨두었답니다. "학부모회 활동을 하려면 돈을 내야 하는 것 아닌가?"라는 인식은 이때의 경험에 뿌리를 두고 있는 셈이에요.

학부모회, 교육의 주체로 서다

교육 지원자로 머물러 있던 학부모회가 변하게 된 계기는 헌법재판소의 판결이었습니다. 2012년 헌법재판소가 공립 중학교의 학교운영비 징수에 대해 위헌 판결을 내린 겁니다. 이미 2002년 중학교가 무상 의무교육이 되었음에도 여전히 학교운영비를 걷는 것은 무상 의무교육의 원칙에 어긋난다고 판단한 것이지요. 이에 따라 학교운영비를 지원할 수 있도록 명시한 학부모회 규정을 바꿔야 했고, 그러면서 학부모회 목적을 비롯한 여러 가지 내용을 교육민주화와 학교자치의 취지에 맞춰 고쳤습니다. 덕분에 학부모회 규정 제1조는 다음과 같이 수정되었어요.

"제1조(목적) 이 회는 ○○학교 학부모들이 교육공동체의 일원으로 학교에 참여하여 학교교육 발전에 기여함을 목적으로 한다."

이로써 학부모회가 교육 지원을 넘어서 교육 주체로 학교교육에 참여할 수 있는 길이 열렸습니다. 하지만 여전히 부족한 점이 많았어요. 우선 학교운영위원회가 법정기구인 데 비해 학부모회는 아무런 법률적 근거가 없는 '임의단체'에 불과했지요. 당연히 학교에 학부모회를 만들어야 할 의무도 없었고요. 이에 학부모회를 제도화하기 위한 노력이 시작되었고, 2013년 경기도를 시작으로 지금까지 모두 12곳의 광역지방자치단체에서 '학교 학부모회 설치·운영에 대한 조례'를 제정했습니다. 지금은 조례보다 상위법인 법률로 만들기 위한 노력이 진행 중이죠. 그런데 이쯤에서 이런 질문이 떠오를 수도 있겠군요.

"학부모회 설치를 굳이 법률로 강제할 필요가 있을까? 여러 사정상 학부모회를 운영하기 어려운 학교가 있을 수도 있고, 학부모회 설치를 원하지 않는 학부모도 있을 수 있으니 말이야."

한 걸음 더 나아가 이런 생각을 하시는 분도 있을지 모르겠습니다.

"학부모회 설치를 의무화하면 학교현장에 혼란만 더 생기는 거 아냐? 듣자 하니 학부모회가 학교랑 갈등을 일으키기도 하고, 심지어 학부모들끼리 편을 갈라 싸우는 경우도 있다고 하던데……."

음… 차근차근 생각해봅시다. 우선 '여러 사정상 학부모회를 운영하기 어려운 학교가 있을 수도 있다.'는 문제부터요. 이런 문제는 주로 작은 학교에서 생기기 쉽습니다. 학생 수도, 학부모 수도 얼마 되지 않아 학급 대표, 부대표는 고사하고 회장, 부회장, 감사 같은 임원 뽑기도 만만치 않을 수도 있어요. 하지만 학부모회는 어디까지나 학부모들의 자치조직입니다. 학교 사정에 맞춰 운영하면 되는 거지요. 예컨대 임원의 정수는 해당 학교 학부모회 규정으로 정할 수 있어요. 다른 규정들도 대부분 해당 학교의 사정에 맞춰 정할 수 있답니다.

다음으로 '학부모회 설치를 원하지 않는 학부모도 있을 수 있다.'는 주장은, 그렇다고 학부모회를 만들면 안 된다는 근거가 될 수는 없습니다. 학생자치회를 반대하는 학생이 있다고 학생자치회를 만들면 안 되는 건 아니니까요. '학부모회가 학교 갈등을 부추긴다.'는 주장도 마찬가지입니다. 모든 민주적 제도는 도입 초기에 갈등을 불러오게 마련입니다. 사실은 숨어 있던 갈등이 드러나는 것이지요. 이걸 힘으로 없애버리는 것이 독재, 대화와 타협을 통해 해결하는 것이 민주주의 아니던가요? 이런 의미에서 학부모회는 민주시민 교육의 장이기도 합니다. 학교와의 갈등, 학부모 사이의 갈등을 민주적으로 해결하는 방법을 배우게 되니까요. 이건 학생들에게 살아 있는 교육이 되니, 학부모가 주체적

표 1 옛날 학부모회 vs 요즘 학부모회

구분	옛날 학부모회	요즘 학부모회
명칭	후원회, 사친회, 기성회, 육성회, 어머니회 등	학부모회(학교운영위원회)
지위	교육 지원자	교육의 주체
특징	학부모 동원	학부모 참여
학교와의 관계	학부모 소외, 상호 불신, 도구적 관점	소통과 참여, 상호 이해, 동반자적 관점
인식	치맛바람, 촌지, 복종적, 의존적	교육의 동반자, 학부모 권리 주장

· 이 표는 '이선영 외(2019), 《학교자치 확대에 따른 학부모의 교육참여 방안 연구》, 한국교육개발원, p. 27'의 표를 조금 수정한 것입니다.

으로 참여하는 민주적인 학부모회를 만들어야 할 이유가
또 하나 있는 셈이네요.

지금까지 학부모회의 간략한 역사를 살펴보면서, 옛날과
요즘 학부모 조직의 차이점을 비교해보았습니다. 이를 간단
히 정리하면 〈표 1〉과 같습니다.

다른 나라 학부모회는 어떻게 운영될까

그렇다면 다른 나라, 그중에서도 소위 '교육 선진국'에서
는 학부모회가 어떻게 운영될까요? 최근 한 TV 강연 프
로그램을 통해 관심이 높아진 '독일 교육'부터 살펴보겠습
니다. 우선 그 전에 노파심에서 한 말씀 드릴게요. '교육 선
진국'이 여러 면에서 우리보다 훌륭한 교육 시스템을 가지
고 있기는 하지만, 문제가 없는 건 아닙니다. 또한 어떤 나
라의 교육 제도는 그 나라의 역사적 경험을 바탕으로 만들
어진 것이기에 다른 나라에 그대로 적용할 수 없는 경우가
많지요. 이런 사실을 감안하고 '교육 선진국'의 사례를 살펴
본다면 우리 교육 시스템을 만들어가는 데 도움을 얻을 수
있을 겁니다.

폭넓은 학교자치가 시행되고 있는 독일은 학부모가 참여

하는 조직으로 학교운영위원회와 학부모회가 있습니다.* 학교운영위원회는 학생, 교사, 학부모 대표가 참여해 학교 운영의 주요 사항을 심의·의결하는 자치기구예요. 우리와 달리 학생까지 참여하는 것은 히틀러의 비극을 경험한 독일 사회가 '민주적인 시민 양성'을 교육의 가장 중요한 목표로 정하고 있기 때문이랍니다(우리 국회에서도 학교운영위원회에 학생 참여를 보장하는 법안이 발의된 바 있지요).

학부모회가 학교법Schulordnung에 근거한 법적 기구라는 것도 우리와 다른 점이군요. 독일의 학부모회는 학급 학부모회Klassenelternversammlung에서 학교 학부모회Schulelternbeirat, 지역 학부모회Regionalelternbeirat, 주 학부모회Landeselternbeirat, 연방 학부모회Bundeselternrat에 이르기까지 전국적·조직적으로 구성되어 있답니다. 이 중 지역과 주, 연방 학부모회 위원들은 회의 참석을 위한 교통비와 일비를 지급받고, 직장인의 경우 대체근무로 인정받는 등의 지원을 받는다네요(이건 좀 부럽군요)! 또한 몇몇 주에서는 학부모들이 교육과정에 참여하면 보수를 지급하는 등 학부모의 적극적인 참여를 유도하고

---

* 독일 교육 관련 내용은 주독일한국교육원 홈페이지(http://changesoul.de/keid/board.php?board=keidbmain&command=skin_insert&exe=insert_iboard1_home)를 참고했습니다.

있답니다.

미국 최대의 학부모 중심 조직인 학부모-교사협의회Parent-Teacher Association, PTA는 100년이 넘는 역사를 자랑합니다. PTA는 학생을 보호하고 행복하게 키우기 위해 학부모와 교사가 협력하는 민주적 교육 조직이에요. 전국적으로 400만 명이상의 회원을 확보하고 있는 PAT는 학부모의 목소리가 정책에 반영될 수 있도록 실질적인 영향력을 행사하고 있답니다. 학교에서는 등하교 지도, 도서관 사서봉사, 급식 도우미, 현장학습 일일교사 등 여러 가지 교육 활동에 참여하고 있죠(이건 우리 학부모회랑 비슷하군요).*

영국도 학부모-교사협의회PTA를 통해 학부모의 학교 참여가 활발하게 이루어진답니다. 학부모회Parents Council는 법정기구이지만 설치가 의무는 아니라네요. 그래서인지 학부모회가 그리 활발한 편은 아니지만, 점차 학부모의 교육참여가 강조되는 분위기랍니다. 더불어 여러 가지 법률을 통해 학부모의 학교 운영 참여와 학교 감사, 관리 등의 활동을 보장하고 있다는군요.

---

* 미국 교육 관련 내용은 '류방란 외(2015), 《학부모의 학교 참여 실태 및 정책 방안》, 한국교육개발원'의 내용을 참고했습니다.

호주의 학부모들은 우리의 학교운영위원회와 같은 '학교
위원회School Council'를 통해 학교 운영에 참여합니다. 학교위
원회의 위원 중 3분의 1 이상을 학부모가 맡도록 법률로 정
해놓았다네요. 1962년에 태어난 '호주학부모회Australian Parents
Council, APC'는 교육 문제에 대해 학부모의 의견을 제시하고 교
육 개혁을 위해 교육 관계자 및 정부와 협력한답니다. 학부
모에게는 다양한 지원 프로그램을 제공하고요.*

이렇듯 나라마다 조금씩 차이는 있지만 대다수 '교육 선
진국'에서는 다양한 제도와 단체를 통해 학부모의 교육참여
가 이루어지고 있습니다. 이를 법률로 보장하고, 여러 가지
지원도 하고 있고요. 또한 최근 들어 학부모의 교육참여가
더욱 활발해지는 추세랍니다.

---

* 영국과 호주 관련 내용은 '이선영 외(2019), 《학교자치 확대에 따른 학부모의 교육참여 방안 연
구》, 한국교육개발원'의 내용을 참고했습니다.

03

학부모회는 어떻게 구성되고 무슨 일을 할까

그럼, 이제부터 학부모회에 대해 본격적으로(!) 알아보겠습니다.

학부모회란 무엇이고, 어떻게 구성되며, 어떤 일을 하는가 등등을요. 사실 이런 내용은 각 교육청에서 만든《학부모회 운영(업무) 매뉴얼》이나《학부모회 핸드북》등에 잘 나와 있어요. 하지만 진짜 '매뉴얼' 스타일로 딱딱하게 정리되어 있어서 처음 봐서는 도무지 감을 잡을 수 없는 것이 문제죠.

또한 조례에 근거한 '공식적인' 내용만 실린 탓에 실제로 학부모회 활동을 하면서 부딪치는 수많은 문제―예컨대 학교와 관계를 어떻게 맺어야 하는지, 학부모들의 참여는 어떻게 이끌어내야 하는지 등등―에 대한 이야기도 없지요. 여기서는《학부모회 운영 매뉴얼》의 얼개를 따라가면서 그 내용을 쉽게 설명하고, 거기에 없지만 알아두면 매우 쓸모 있는 노하우와 정보까지 알려드릴게요.

학부모회 개념 잡기

여러 교육청이 만든 다양한 학부모회 매뉴얼은 대부분 학부모회의 개념 정의부터 시작합니다. 이렇게 말이죠.

학부모회는 해당 학교의 전체 학부모로 구성되며, 교육공동체의 일원으로서 학교교육 발전에 기여하기 위하여 학교교육 활동에 참여·지원하는 기구임.

– 서울특별시교육청, 《질의와 사례로 알아보는 알기 쉬운 학부모회》

프롤로그에 나왔던 경기도교육청의 정의와 비슷하군요. 다른 교육청의 매뉴얼 또한 이것과 글자 하나까지 똑같거

나 대동소이합니다. 뭔가 법률스러운(?) 문장이라고 긴장할
필요는 없어요. 이 중 "교육공동체의 일원(=교육 주체)으로서
학교교육 발전에 기여하기 위하여 학교교육 활동에 참여·지
원하는" 모습은 앞서 국내외의 다양한 사례를 통해서 이미
상세히 살펴보았으니까요.

그럼, 학부모회가 해당 학교의 전체 학부모로 구성된다는
(그러니까 전체 학부모가 '자동적으로' 학부모회 회원이 된다는)
건 무슨 뜻일까요? 이건 학부모라면 누구나 학부모회 활동
을 열심히 해야 한다는 '의무조항'이라기보다는, 학부모라면
누구나 학부모회를 통해 학교교육에 참여할 수 있다는 '권
리조항'에 가깝습니다. 예전처럼 육성회장 등 몇몇 영향력
있는 학부모만 학교교육에 관여하는 것이 아니라, 학부모라
면 누구라도 학교교육에 참여할 권리가 있다는 뜻이죠. 여
기서 학부모란 부모뿐 아니라 조부모, 친척, 후견인 등 학생
의 교육에 실질적인 책임을 지고 있는 사람이라면 누구나
해당합니다.

사실 학부모회 활동이 그리 어려운 일도 아닙니다. 우리
는 맞벌이부부라 등굣길 교통봉사 한 번도 부담스럽다고요?
그럴 수 있습니다. 우리나라는 '교육 선진국'처럼 자녀의 학
교교육 참여 활동을 대체근무로 인정해주지 않으니까요. 그

렇다면 학교교육 모니터링 설문지 작성은 어떨까요? 학교교육 모니터링은 학부모회 활동에서 가장 중요한 부분입니다 (여기에 대해서는 조금 뒤에 자세히 살펴볼게요). 그러니 이것만 열심히 해도 학부모회의 핵심활동에 잘 참여하는 셈이에요. 이보다 더 많은 일을 하고 싶으시다고요? 환영합니다! 학부모회 안에서는 다양한 활동을 할 수 있지요. 없으면 만들어서 할 수도 있고요. 물론 다른 학부모들의 동의를 받을 수만 있다면요. 학부모회는 민주적으로 운영되는 조직이거든요. 이건 학부모회의 구성만 봐도 알 수 있답니다.

한눈에 보는 학부모회 구성

학부모회 구성을 간단한 도표로 그리면 〈표 2〉와 같습니다.

제일 위에 학부모 전체가 참여하는 최고의결기구인 총회가 있고, 그 아래 학부모회 임원과 학년 및 학급 대표, 기능별 학부모회 대표 등으로 구성된 대의원회가 있군요. 보통 1년에 한 번 열리는 총회에서는 학부모회 임원 선출이나 규정 개정 같은 일들을 결정하고, 나머지 학부모회 운영에 대한 전반적인 내용은 대의원회에서 의논해 결정합니다. 학부

표 2 학부모회 체계도(예시)

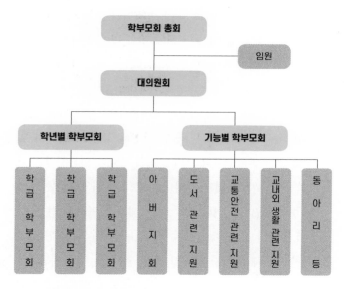

출처: 경기도교육청, 《학부모회 핸드북》

모회 임원은 회장과 부회장, 감사 등으로 구성되지요.

그런데 좀 이상하지 않나요? 언뜻 생각하면 학부모회 구성도 맨 위에 학부모회장이 있고, 그 아래 임원회가, 다시 그 아래 학년 대표와 학급 대표가 순서대로 나와야 할 것 같은데요. 마치 회사 조직도에 사장이 제일 위에 있고, 그 아래 임원, 부장, 과장, 사원들이 이어지는 것처럼요.

이건 학부모회가 회사와 달리 민주적인 조직이기 때문이에요. 학부모회는 학부모회장이나 임원 몇몇이 마음대로 운영해서는 안 되고 학부모 전체의 의견을 모아서 운영해야 한다는 뜻이죠. (회사도 주주총회와 이사회 등이 있지만 1인 1표가 아니라 1주 1표이기 때문에 민주적인 조직이라 보긴 어려워요.)

임원(회)이 공식적인 의사결정 라인에서 옆으로 빠져 있는 것도 그런 까닭입니다. 학부모회의 중요한 의사결정은 학부모회장이나 임원 몇몇이 아니라 총회와 대의원회를 통해 이루어져야 한다는 의미예요. 물론 세부 운영사항 등은 임원들이 결정할 수 있지만, 총회나 대의원회에서 결정된 사항을 뒤집거나 새로운 결정을 할 수는 없어요. 마치 지방자치단체장이 중요한 사항은 시민들이 선출한 지방의회의 동의를 받아서 진행해야 하는 것과 비슷하군요.

괄호 안에 '예시'라고 쓴 것은 학교 사정에 따라 학부모회 구성이 달라질 수 있기 때문입니다. 예컨대 학생 수 100명 미만인 학교는 대의원회를 두지 않을 수 있고, 기능별 학부모회는 모든 학교에서 선택사항이에요. 또한 이것은 경기도교육청의 예이고, 다른 교육청에서는 학년별 학부모회와 학급 학부모회도 학교 사정에 따라 두지 않을 수 있어요. 이렇게 지역과 학교마다 조금씩 달라질 수 있지만, 결코 변하지 않는 학부모회 구성의 대원칙이 있습니다. 바로 '학급 학부모회 > 학년 학부모회 > 대의원회 > 총회'로 이어지는 민주적 의사결정 체계입니다. 학급 학부모회와 학년 학부모회의 의견이 대의원회로 모이고, 더 중요한 사항은 총회에서 최종적으로 결정되는 것이죠.

학부모회 활동의 꽃, 의견 제시와 모니터링

이렇게 민주적으로 구성된 학부모회가 하는 일은 다음과 같습니다.

제5조(기능) 학부모회는 학교교육 발전을 위하여 다음 각 호의 사항을 수행한다.
1. 학교 운영에 대한 의견 제시 및 학교교육 모니터링
2. 학부모 자원봉사 등 학교교육 활동 참여·지원
3. 자녀교육 역량 강화를 위한 학부모교육
4. 그 밖에 학교의 사업으로서 해당 학교 학부모회 규정으로 정하는 사업

— 경기도교육청, 학교 학부모회 설치·운영에 관한 조례

이건 다른 교육청의 경우도 거의 같습니다. 여기에 '지역 사회와 연계한 비영리 교육사업'을 추가한 곳들이 몇 있을 뿐이죠. 그렇다면 이 중 가장 중요한 활동은 무엇일까요? 맞습니다, 1번! 제일 중요하니까 제일 먼저 나온 겁니다. 보통 '학부모회 활동' 하면 녹색교통봉사, 도서관 사서봉사 등을 비롯한 자원봉사활동을 떠올리시지만 의견 제시와 모니터링이 훨씬 더 중요합니다. 이건 학부모가 교육 주체로 나아가는 첫걸음이기도 하지요.

예전 학부모회(혹은 육성회) 때도 일부 학부모들이 담임선생님이나 교장선생님께 '학교 운영에 대한 의견 제시'를 하기도 했지만 대부분 개별적으로 이루어졌죠. 더구나 이것들은 보통 '민원'이나 '간섭'으로 취급되었고요. 학교교육 모니터링도 아주 가끔, 학교에서 필요할 때만 '가정통신'을 보내서 학부모들의 의견을 물어보는 정도였어요.

그러니 학부모회의 의견 제시와 모니터링은 이전과 다른 방식으로 이루어져야 합니다. 우선 학교 운영에 대한 의견 제시는 학급별, 학년별로 학부모들의 의견을 모은 후 대의원회 논의를 거치는 등 '공식적으로' 이루어져야 해요. 이걸 학부모회장과 임원 몇몇이 교장실로 찾아가서 구두로 제안하는 대신 문서로 만들어서 학교 측에 전달해야 합니다. 그래야 이에 대한 학교의 공식적인 답변을 문서로 받아서 학부모 전체에 공유할 수 있으니까요. 이때 의견 제시와 함께 여러 가지 문의사항에 대한 답변도 한꺼번에 정리해서 공유하면 좋아요.

모든 의견 제시를 교장선생님께 할 필요도 없습니다. 지금은 예전처럼 교장선생님이 학교 운영의 전권을 휘두르는 것이 아니라, 학교 운영의 상당 부분이 학교운영위원회를 포함한 각종 위원회를 통해서 이루어지거든요. 예를 들어 볼까요? 대의원회에서 급식 개선에 대한 의견이 나왔다면 논의를 통해 제안 여부를 결정한 다음에 급식소위원회 학부모위원들에게 전달하는 겁니다. 학교마다 반드시 구성하도록 되어 있는 급식소위원회는 급식 모니터링과 개선 방향을 제시하는 역할을 하고 있으니까요. 마찬가지로 우리 학교 방과후학교가 좀 더 풍성하게 운영되었으면 좋겠다는 의견은 방과후학교소위원회 학부모위원들에게 전달되어야 합니다. 프로그램 공모 및 선정에서 강사 면접, 교재와 재료 선정까지 방과후학교소위원회를 통해서 이루어지거든요.

물론 해당 위원회의 학부모위원에게 의견을 전달하는 동시에 학교 측에도 의견 제시를 할 수 있어요. 또한 위원회에 의견을 전달할 경우 결과까지 피드백 받아 학부모들에게 공유하면 더욱 좋겠죠. 위원회에는 학부모위원만 있는 게 아니어서 학부모회가 제시한 의견이 받아들여지지 않을 수도 있어요. 학부모위원의 생각이 다를 수도 있고요. 중요한 건 학부모회의 의견이 위원회에서 논의되고 그 결과가 피드백되는 과정입니다. 이런 소통이 바로 민주적인 학교 운영의 첫걸음이거든요.

무슨 국회나 정부도 아니고 학부모회 활동을 하는 데 각종 위원회들이 이렇게 난무(?)하느냐는 생각이 들 수도 있겠네요. 사실 저희도 처음에는 좀 당황스러웠어요. 이것들 말고도 학교에는 보통 수십 개의 위원회들이 있고, 그중 상당수에 학부모위원들이 참여하니까요. 이런 위원회들이 형식적으로 운영되어 학교현장에서 괜히 부담만 커진다는 불만이 있는 것도 사실입니다. 아예 위원회들을 없애버리자는 목소리도 있지요. 하지만 실제로 각종 위원회에 참여해본 저희들 생각은 달라요. '위원으로 이름만 올려놓는 것'에서 한 걸음만 더 나아가도 이런 위원회들이 더 좋은 학교를 만드는 데 얼마나 중요한 역할을 하는지 피부로 느낄 수 있답니다. 물론 모든 위원회는 학교 사정에 맞게 운영되어야 하겠지만요(각종 위원회의 설치와 운영에 대해서는 2부 '실전 학부모회 A to Z'에서 꼼꼼히 설명해드릴게요).

학교교육 모니터링은 보통 설문조사를 통해 이루어집니다. 학부모회에서 만든 설문지를 가정통신문과 SNS 등으로 학부모 전체에게 보내서 답변을 받은 후 그걸 정리해서 학교에 전달하고 다시 피드백을 받는 식이죠. 내용은 전반적인 학교 운영과 세부 사항(급식, 현장체험학습, 공개수업, 방과후학교 등)에 대한 만족도 조사 위주로 진행됩니다. '매우 만족'에서 '매우 미흡'까지 객관식으로 선택하고, 개선 방향에 대한 의견도 따로 받지요. 여기서 나온 의견은 '의견 제시'와 같은 프로세스를 밟으면 됩니다. 모니터링 결과와 함께 학교에 제안하거나, 해당 위원회의 학부모위원에게 전달하는 방식으로요. 학부모회에 따라서는 의견 제시를 별도로 하지 않고, 모니터링과 동시에 하기도 합니다. 물론 모든 경우에 문서로 제안하고 피드백을 받는 것은 기본이겠죠.

학교교육 모니터링은 가능하면 학기마다 한 번씩 하는 것이 좋습니다. 학기 말에 실시해서 다음 학기에 반영하는 식으로요. 학교 사정에 따라 학년 말에 한 번만 할 수도 있지요. 그런데 요즘은 코로나19 탓에 온라인 수업이 이루어지면서 모니터링의 중요성이 더욱 커졌습니다. e알리미 등을 통한 설문조사나 의견 수렴에 학부모들의 참여율이 이전보다 훨씬 높아지기도 했죠. 덕분에 더 많은 학부모회에서 더 자주 모니터링을 실시하고 있어요. 필요에 따라서는 학년별로 설문을 달리 만들어 학부모 모니터링을 진행하기도 한답니다. 학부모회의 가장 중요한 기능 중 하나는 학부모 전체의 의견을 모아 학교교육에 반영하는 것이니, 코로나19 덕분에(?) 학부모회 기능이 활성화된 것으로도 볼 수 있겠네요. 코로나19는 분명 우리 교육의 위기지만, 기회가 될 수도 있다는 가능성을 보여주는 사례이기도 합니다.

자원봉사에서 수업 운영까지, 학교교육 참여의 모든 것

다음으로 살펴볼 학부모회 활동은 '학부모 자원봉사 등 학교교육 활동 참여·지원'입니다. 우리에게 익숙한 녹색교통봉사, 도서관 사서봉사, 교내 행사 도우미 등이 여기에 해당하지요. 이것들은 아마 대부분의 학교에서 이미 잘 이루어지고 있을 거예요. 가끔은 학부모들의 참여가 부족해 어려움을 겪기도 하지만요. 어떤 학교에서는 여기에 더해 학생 등교 맞이와 북 캠프, 가족 걷기 한마당 같은 학부모회 행사를 하고, 또 다른 학교에서는 학부모가 명예교사로 참여하는 예절교실과 독서교실 등을 운영하기도 하죠. 이런 활동에 참여하려면 힘도 들고 시간도 들지만 아이들에게 무언가 도움이 된다는 생각에 보람도 큽니다.

그런데 아세요? 이때 단순 봉사를 넘어 교육의 한 주체로 참여하게 되면 보람이 더욱 커진다는 사실! 이것도 예를 들어볼게요. 많은 학교에서 학부모 사서들이 도서관 봉사활동을 합니다. 사서 선생님을 도와 도서 정리를 하기도 하고, 사서 선생님이 없는 경우에는 도서 대출과 반납 업무를 맡기도 하지요. 당연히 이것도 보람 있고 중요한 일입니다. 덕분에 학교 도서관이 좋아지고 아이들이 책을 빌려볼 수 있으니까요. 그런데 어떤 학교에서는 여기서 한 걸음 더 나아가 학부모 사서들이 학생 독서동아리 시간에 명예교사로 참여하기도 해요. 책에 관심 있는 학생들의 독서토론을 지도하고 북 디자인 수업을 하기도 하지요. 이렇게 수업한 결과물로 발표회나 전시회를 여는 경우도 있어요. 이 과정에서 아이들뿐 아니라 학부모들도 배우고 성장하게 됩니다. 그야말로 '교육공동체'가 이루어지는 셈이죠.

초등학교 중에는 학부모들이 아침마다 교실로 들어가 수업 전에 책을 읽어주는 곳이 많아요. 따로 예절 교육을 이수한 학부모들이 선생님이 되어 예절 수업을 진행하기도 하지요. 실과 시간에 명예교사로 참여해 학생들에게 뜨개질을 가르치기도 하고요. 어떤 중학교에서는 학부모들이 북아트

교실, 요리교실, 캘리그라피교실 등을 개설하고 학생들의 신청을 받아 수업을 운영하기도 했어요. 학년 말 수업 진도가 끝나고 영화감상, 자유체육 등으로 '때우던' 시간을 활용했죠. 학년 말이면 성적 처리와 진로지도 등에 바쁜 선생님들도 환영하셨다네요. 아이들도 아주 좋아했다니, 학부모들이 느낀 보람은 말할 필요도 없겠죠?

꼭 학부모가 수업을 해야 더 훌륭한 학교교육 참여가 되는 건 아니에요. 경기도의 한 고등학교는 매일 100여 명의 학생이 지각할 정도로 생활지도가 어려웠다고 합니다. 화장실뿐 아니라 학교 인근에서도 공공연하게 흡연이 이루어졌고요. 고민 끝에 학부모회에서 나서기로 했어요. 학부모 지원을 받아 매일 조를 짜서 학교 안팎 생활지도에 나선 거예요. 처음엔 학생들도 어색해하고 교사들도 회의적이었는데, 싸움도 말리고 부모처럼 간식도 챙겨주니 시간이 지나면서 아이들이 먼저 마음을 열더래요. 덕분에 담배 피우는 아이들도, 지각하는 아이들도 줄고, 진학률까지 좋아졌다고 합니다.

학부모의 학교교육 참여는 이렇게 다양한 방식으로 이루어질 수 있어요. 다만 한 가지 유의할 점은 이런 활동이 학교와의 긴밀한 소통과 함께 이루어져야 한다는 거예요. 아쉽게도 아직 많은 학교에서 학부모의 교육참여를 흔쾌히 받아들일 준비가 안 되어 있어요. 그런 경험도 부족하고요. 학부모들도 준비가 필요하죠. 그러니 우선 작은 활동들을 통해 서로 간에 신뢰를 쌓아가면서 조금씩 참여 범위와 수준을 높여가는 것이 좋아요.

부모도 배운다! 학부모교육

학부모회 활동 세 번째는 '자녀교육 역량 강화를 위한 학부모교육'입니다. 글자 그대로 '자녀를 잘 가르칠 수 있는 역량을 키워주는 교육'이라 볼 수 있겠죠. 자녀와의 대화법, 감정 코칭, 성교육, 진로 교육, 학교폭력 등이 여기에 해당합니다. 그렇다고 모든 학부모교육이 자녀교육과 직접 관련된 건 아니에요. 누구나 부담 없이 참여하기 좋은 '장 담그기'나 '석고 방향제 만들기' 같은 체험 프로그램도 있고, '혁신학교란 무엇일까?' '학교운영위원회를 알면 학교가 보인다!' 같은 학교교육 관련 교육도 있어요. 학교나 교육청에서 운영하는 학부모교육도 있지만 학부모회에서 주최하는 학부모교육도 많답니다.

요즘이야 자녀교육에 관련한 정보가 도처에 널려 있는데

굳이 학부모회에서 따로 학부모교육을 할 필요가 있을까, 생각하실지도 모르겠네요. 하지만 학부모회에서 주최하는 학부모교육은 두 가지 점에서 달라요. 하나는 우리 학교 학부모들이 가장 관심 있는 주제를 다룬다는 점이에요. 전국적으로 교육과정이 비슷하긴 해도 지역마다 학교마다 처한 상황이 다르니 관심사도 조금씩 다르게 마련이거든요. (그러니 학부모회의 철저한 사전 수요 조사가 필수겠죠?) 다른 하나는 우리 학교 학부모들과 함께 받는다는 점이에요. 교육 시간뿐 아니라 끝나고 몇몇이 커피 한잔 같이 하면서 서로의 관심사를 나누고 궁금증을 해소할 수 있지요.

학교현장에선 학부모교육을 보통 '학부모연수'라고 불러요. 아마도 선생님들이 받는 '교원연수'에서 따온 용어인 것 같아요. 이름이야 어찌되었든 학부모교육은 학부모회 활동 중에서 매우 중요한 부분이에요. 실제 자녀교육에 도움이 될 뿐 아니라 학교교육 참여로 이어지는 경우도 많으니까요. 아까 말씀드린 '예절 교육 이수 후 학생 예절 수업 진행'이 대표적인 케이스죠. 독서지도 교육을 받고 독서교실을 운영하기도 하고요.

학부모회에서 주최하는 학부모연수는 주로 자녀교육이나 체험활동과 관련된 내용이 많아요. 더불어 초중고에 따라 학부모들이 관심을 갖는 분야도 다르답니다. 예컨대 초등학교는 학교폭력과 성교육 등에 관심이 많고 중학교는 자유학년제와 진로지도, 사춘기 자녀 지도 관련 연수가 인기예요. 고등학교는 당연히 입시 관련 연수에 학부모들이 몰린답니다. 조금 전에도 말했지만 학부모회에서 학부모교육을 준비할 때는 사전 수요 조사를 잘하는 것이 매우 중요해요. 지역이나 학교마다 학부모 관심사항이 조금씩 다르니까요. 또한 모든 학부모연수를 전체 학부모 대상으로 할 필요는 없어요. 신입생 학부모를 위한 학교생활 안내, 졸업반 학부모를 위한 진로 정보 등은 언제나 많은 관심을 받아요. 특히 이런 연수의 강사로 외부 강사보다 해당 학교 선생님들이 맡아주시면 효과가 더욱 좋지요. 신입생의 경우에는 '선배 학부모'가 잠깐 나와서 나름의 노하우를 들려주고 생생한 질의·응답 시간을 갖는 것도 효과적이에요.

지금까지 의견 제시와 모니터링, 학교교육 활동 참여·지원, 학부모교육 등에 대해 살펴보았습니다. 보통 여기까지가 대부분의 학교에서 중요하게 이루어지는 학부모회 활동이에요. 이 밖에 조례에서 규정한 학부모회 활동을 간단히 살펴볼게요.

'그 밖에 학교의 사업으로서 해당 학교 학부모회 규정으로 정하는 사업'은 학교와 학부모회가 함께하는 사업 중 학부모회 규정으로 정한 것을 가리킵니다. 예를 들어 학부모가 참여하는 교육과정 운영이나(이건 주로 혁신학교에서 많이 이루어져요), 교육공동체가 함께 운영하는 축제 등이 그렇죠. 학부모회 규정으로 정한 건 지속적으로 운영하는 사업이라는 뜻이에요. 하지만 실제로 학부모회 사업을 규정으로 정한 경우는 많지 않아요. 몇몇 교육청 학부모회 조례에 있는 '지역사회와 연계한 비영리 교육사업'은 마을 교육공동체 사업 등을 가리킵니다. 학교를 넘어 지역사회까지 교육공동체의 일원이 되어 함께 아이들을 키워나가는 거예요. 경기도의 한 혁신학교 학부모회는 생활공동체를 만들어 지역 농산물을 공동구매하고, 지역의 역사적인 장소를 둘러보는 탐방도 진행한답니다.

04

학부모회 꼼꼼히 살펴보기

이제 학부모회의 구성과 하는 일이 머릿속에 쏙 들어왔나요? 뭔가 알 것도 같은데 아직 확실하지는 않다고요? 걱정하실 필요 없습니다. 지금부터 학부모회 구성도를 맨 위부터 제일 아래까지 하나하나 꼼꼼히 살펴볼 테니까요. 이렇게 하면 반복 겸 심화학습이 되는 셈이니 학부모회의 전체적인 그림이 머리에 그려질 겁니다. 그런 뒤에 '실전 학부모회 A to Z'를 통해서 세부 사항과 실전 노하우까지 알려드릴게요.

학부모회 활동을 하려면 이런 것들을 모두 알아야 하나
고요? 물론 꼭 그럴 필요는 없습니다. 하지만 학부모회를 더
잘 알수록 학부모회 활동을 더 잘할 수 있답니다. 같은 노력
을 들이고도 더 효율적으로 활동할 수 있고, 불필요한 에너
지 낭비도 줄일 수 있죠. 무엇보다 지속가능한 학부모회 활
동이 되려면 이런 공부가 꼭 필요합니다.

자, 그럼 학부모회 구성도 맨 위에 자리 잡은 총회부터 시
작하겠습니다.

최고의결기구 겸 흥겨운 잔치, 학부모회 총회

총회란 '학부모 전체가 참여하여 학부모회의 최고 의사를
결정하는 회의체'입니다(경기도교육청, 학교 학부모회 설치·운영
에 관한 조례). 이건 12개 교육청 조례가 모두 같아요. 총회
는 정기총회와 임시총회로 나뉘는데 정기총회는 매년 3월
에, 임시총회는 회장이 필요하다고 인정할 때나 해당 학교
학부모회 규정으로 정하는 회원 수 이상의 요구가 있을 때
소집하죠. 이때 한 가지 유의해야 할 점은, 총회를 소집하
는 사람은 학교장이 아니라 학부모회장이라는 사실입니다

(신설 학교는 학교장이 소집). 당연히 총회 안내장도 학부모회장 이름으로 나가는 것이 맞지요. 누구 이름으로 나가든 크게 상관이 있냐고요? 분명 상관이 있습니다. 그래야 학부모회장이 중심이 되어 총회를 준비하는 것이 당연해지니까요. 또한 학부모 자치조직으로서의 학부모회 위상이 분명해집니다. 물론 형식보다 내용이 중요하지만, 충실한 내용을 담기 위해서는 거기에 걸맞은 형식을 갖추어야 합니다.

총회를 제대로 준비하기 위해서는 두 가지 위원회를 미리 구성해야 합니다. 학부모회장을 중심으로 학부모회 임원과 대의원, 학부모회 담당 선생님과 교무부장 선생님이 참여하는 '총회준비위원회'와 새로운 학부모회 임원에 입후보하지 않은 학부모들로 구성된 '학부모회 임원선출관리위원회'가 그것입니다(두 위원회의 상세한 구성과 활동은 뒤에 자세히 살펴보겠습니다).

총회에서 꼭 해야 하는 일은 '의결과 선출'입니다. 모든 교육청 조례에는 총회에서 학부모회 활동계획과 학부모회 규정의 제정 및 개정을 의결하고, 학부모회 임원과 학교운영위원회 학부모위원을 선출하도록 규정하고 있어요. 여기에 덧붙여 학부모들의 의견 수렴이 필요한 사항과 학부모회장이 총회 의결이 필요하다고 인정하는 사항을 의결할 수 있지요. 이 중 학부모회 활동계획은 총회의 결의를 통해 대의원회에 위임하기도 합니다. 생각해보면 당연한 일이에요. 총회에서 새로 뽑힌 임원들이 바로 그 총회에서 학부모회 활동계획을 안건으로 올리는 건 물리적으로 불가능하니까요. 대신 전년도 학부모회 활동과 결산, 감사 보고를 하는 것이 일반적입니다.

이런 상황을 보면, 총회에서 학부모회 활동계획을 의결해야 한다는 조례 규정은 개정할 필요가 있어 보입니다. 아울러 정기총회를 3월로 못 박은 규정도요. 3월에 새로 뽑힌 임원이 그해의 학부모회 활동계획을 짜고 실행에 옮기기에는 시간이 빠듯하거든요. 새로 구성된 임원진이 그해의 학부모회 예산을 짤 수 없다는 것도 문제입니다. 이미 3월이니 그해 예산은 전년도 학부모회에서 짜놓을 수밖에 없지요. 활동계획을 수립하면서 그에 맞춰 예산안을 짜는 것이 정상적인 일의 흐름인데, 예산에 맞춰 활동계획을 짤 수밖에 없는 거예요. 학생회의 경우에는 11월에 다음 해 임원을 선출하는 학교가 늘고 있습니다. 그래야 새로운 임원들이 자신들이 공약으로 내세운 내년도 학생회 사업에 대한 예산을 확보할 수 있기 때문이에요. 학부모회 정기총회도 11월로 바꾼다면 좀 더 합리적인 운영이 가능할 듯합니다. 물론 이 경우에는 신입생 학부모가 참여할 수 없다는 단점도 감안해야겠죠.

총회에서 의결과 선출만 해야 하는 건 아닙니다. 총회는 학부모회 최고의 의결기구이자 학부모들이 가장 많이 모이는 행사이기도 하니까요. 아까 사례로 보았던 경기도의 중학교처럼 학부모의 약속 낭독이나, 축하공연 등을 통해 학부모들의 마음을 하나로 모으는 행사로 만들 수도 있지요. 의결이나 선출 같은 공식적인 순서 중간에 학부모회에 관련된 퀴즈를 내고 작은 선물을 드려서 분위기를 띄울 수도 있고요. 이렇게 총회가 학부모들의 흥겨운 잔치처럼 치러지면 더욱 좋습니다. 선물도 나누고, 공연도 보고, 학생자치회장과 교장선생님의 인사 말씀도 듣고요. 학교 교육과정 설명회나 꼭 필요한 학부모연수를 넣는 것도 상관없습니다. 총회의 모든 과정을 학부모회가 주도적으로 준비하고 진행할 수 있다면 말이에요.

대부분의 학교에서는 총회 이후에 학부모들이 각 반으로 흩어져 담임선생님과 인사를 나누고 앞으로의 학급운영에 대한 이야기도 듣습니다. 엄밀히 따지자면 이건 학부모회 총회와 관계가 없는 일이지만 실제로는 담임선생님 얼굴을 뵙기 위해 학부모회 총회에 참석하는 경우도 많지요. 이렇게 하면 학교에서도 한꺼번에 두 가지 일을 처리해서 좋고, 학부모들도 두 번 와야 하는 부담을 덜어서 좋기도 해요. 문제는 앞서 살펴본 대로 각 교실에서 학급 대표 등을 뽑는 일이 이루어지는 탓에 선생님과 학부모 모두 부담스럽고 학급교육과정 설명회도 제대로 되기 어렵다는 것이에요. 그러니 총회 자리에서 학급 대표를 뽑아보는 건 어떨까요? 상세한 노하우는 '실전 학부모회 A to Z'에서 알려드릴게요.

학부모회 회장, 부회장, 감사는 무슨 일을 할까

학부모회 총회의 가장 중요한 안건 중 하나는 임원 선출입니다. 학부모회 임원은 회장, 부회장, 감사로 구성되죠. 학부모회를 대표하는 회장은 학부모회 업무를 총괄합니다. 부회장은 회장을 보좌하며 회장이 부득이한 사유로 직무를 수행할 수 없을 때 그 직무를 대행하지요. 감사는 학부모회의 전반적인 업무 및 회계를 감사하고요. 이것은 거의 모든 교육청 학부모회 매뉴얼에 토씨 한두 개만 빼고 똑같이 들어가 있는 내용입니다. 하지만 이것만 봐서는 도대체 회장이 무슨 일을 하는지, 부회장은 회장을 어떻게 보좌(?)하는지, 학부모회 감사는 어떤 방식으로 진행되는지 알기 힘들죠.

그럼, 지금부터 하나씩 살펴보겠습니다.

우선 회장은 학부모회를 대표해서 교내외 행사나 연수, 회의 등에 참석합니다. 가끔은 이를 위해 뭔가를 준비해야 할 때도 있어요. 드물게는 자기도 모르는 사이에 학교 안의 각종 위원회에 이름이 올라가 있다가 갑작스런 회의 참석 요청을 받기도 합니다. 학교에서 걸려오는 다양한 전화를 받는 것도 회장의 일입니다. 학부모회 담당 선생님뿐 아니라 학부모의 협조가 필요한 일은 먼저 회장에게 도움을 요청하는 일이 흔하거든요. 이것들이 다시 회장의 일로 이어지기도 하지요.

'학부모회 업무를 총괄'하는 일은 조금 더 많습니다. 총회에서 선출이 되면 당선의 기쁨(?)을 누리는 시간도 잠시, 인수인계를 받고, 학부모회 활동계획을 짜고, 대의원회를 소집하고, 학부모연수를 기획하고, 모니터링을 진행하고, 몇 가지 행사를 치르다 보면 어느새 1년이 후딱 갑니다. 여기에 녹색, 예절, 기타 동아리와 각종 위원회 관련 업무까지 처리하다 보면 학교에 출근도장을 찍을 정도가 되기도 하고, '이렇게 회사 일을 했으면 떼돈을 벌었겠다.' 싶은 생각이 절로 들기도 하죠. 그렇다고 미리 겁을 먹거나, '난 절대로 학부모회장 같은 건 안 해야겠다!'고 결심할 필요는 없습니다. 그 이상의 보람이 있을 뿐 아니라, 회장의 일을 기꺼이 나누는 다른 임원들이 있으니까요.

부회장의 일이 바로 회장의 일을 나누어 맡는 겁니다. 회장과 함께, 가끔은 회장 대신 교내외 행사나 연수, 회의에 참석하고 학부모회 업무를 같이 합니다. 감사도 마찬가지입니다. 매뉴얼에는 감사의 직무가 '학부모회의 전반적인 업무 및 회계를 감사'하는 것이라고 쓰여 있지만 실제로는 회장, 부회장과 함께 학부모회 일을 하는 게 주된 업무가 되기 쉬워요. 그러면서 학부모회 활동이 규정에 따라 잘 이루어졌는지, 예산은 잘 쓰였는지 등에 대해 한 학기에 한 번 간단한 감사 보고서를 쓰면 됩니다. 학부모회가 큰 시민단체나 노조, 기업이 아니라 업무 및 회계 감사 일이 별로 없거든요. 또한 학부모회 예산은 대부분 학교 행정실장님의 철저한 관리·감독하에 집행되기 때문에 잘못 집행되기 어렵지요. 물론 학부모회가 실질적으로 자리를 잡으면서 학부모회의 활동과 예산이 늘어난다면 감사의 본래 역할이 더욱 중요해지겠죠.

부회장과 감사만으로 버겁다면 학부모 중에 간사를 뽑아서 함께 일할 수도 있어요(학교에 따라서는 총무라고 부르기도 해요). 이때 간사는 학부모회의 공식 임원이 아니니 별도의 선출 절차 없이 대의원회에서 의결하거나 학부모회장이 지명해도 됩니다. 물론 어떤 방법으로 간사를 뽑을지 미리 학부모회 규정으로 정해놓아야 하겠죠.

규모가 큰 학교는 부회장과 감사의 숫자를 늘리기도 합니다. 거의 모든 학부모회 조례에 회장은 1명으로 정해져 있지만, 나머지 임원은 학부모회 규정으로 정할 수 있도록 되어 있거든요. 임원뿐 아니라 학급 대표와 학년 대표, 기능별 학부모회 대표들까지 으쌰으쌰 함께하면 학부모회장 일도 크게 힘들지 않아요. 그래도 학부모회장에게 어느 정도 일이 몰리는 건 피할 수 없지요. 그럴 땐 이 책 2부의 '인수인계부터 총회까지, 학부모회 무작정 따라 하기' 부분을 펼쳐보세요. 정말 무작정 따라 하기만 해도 일이 되도록 꼼꼼히 준비해놓았으니까요. 다른 무엇보다 교육 주체로 학교교육에 참여하는 것이 학부모회의 가장 중요한 일이라는 걸 기억하시기 바랍니다.

내 아이를 위해? 우리 아이들을 위해!

그리고 또 하나, 학부모회 활동은 '내 아이'보다 '우리 아이들'을 위한 것이라는 사실을 잊지 말아야 해요. 가끔 내 아이가 학교에 잘 적응하고 선생님께 관심을 받았으면 좋겠다는 생각에서 학부모회 임원을 하는 학부모가 있어요. 아이가 학생자치회장이나 임원이 되는 바람에 울며 겨자 먹기로(?) 학부모회 임원을 하는 경우도 있고요. 물론 이런 동기가 나쁜 건 아닙니다. 많은 경우 내 아이를 위하는 것이 곧 우리 아이들을 위하는 일이기도 하지요. 하지만 일단 학부모회 임원이 되었다면 공과 사를 확실히 구분해야 합니다. 어떻게 하냐고요? 내 아이에 관한 일이라면 학부모회 임원이 아니라 보통 학부모의 입장에서 처리하면 됩니다. 예컨대 학교 일로 선생님과 회의를 했다면 끝난 뒤에라도 자기 자녀에 관한 이야기를 하지 않는 것이죠. 필요하다면 다른 학부모와 마찬가지로 따로 약속을 잡고 상담을 하는 것이 맞습니다. 이런 원칙만 지킨다면 내 아이를 위하는 마음은 크면 클수록 좋아요. 그래야 내 아이를 포함한 우리 아이들을 위해서 학부모회 활동을 할 테니까요.

학부모회 임원의 임기는 선출 다음 날부터 다음 해 정기 총회일까지입니다. 보통은 1년인데 2020년에는 코로나19 탓에 총회가 늦어져 전임 회장이 몇 달 더 일을 하기도 했어요. 자녀가 졸업한 경우에도 임기 만료일까지 임원의 자격은 유지됩니다. 학부모회장은 한 번만 연임할 수 있고, 나머지 임원은 임기 규정이 따로 없어요. 부회장과 감사는 같은 사람이 몇 년이고 할 수 있다는 뜻이에요. 회장만 장기 집권 (?)을 막는 규정이 있는 셈이죠. 그런데 회장도 연임 후 1년 쉰 뒤에는 다시 입후보가 가능해요. 이때 또 연임할 수도 있 지요. 그러니까 초등학교 6년이라면 최대 4년까지 학부모 회장을 할 수 있는 셈이에요. 중고등학교는 2년까지 가능하 고요. 이건 대부분의 교육청이 같은데, 일부 교육청만 회장 포함 모든 임원의 임기를 학부모회 규정으로 정할 수 있도 록 했어요.

또 하나 주의할 점이 있어요. 임원 선출은 반드시 총회에 서 민주적인 절차를 거쳐 이루어져야 한다는 사실이에요. 회장만 총회에서 뽑고 나머지 임원은 대의원회에서 선출하 는 건 안 된다는 이야기죠. 학부모회 임원은 직접 선거로 뽑 아야 하거든요. 다만 많은 학교에서 임원 입후보자가 정원 과 일치하는 경우에는 학부모회 규정에 따라 무투표로 당 선되기도 해요. 임원 선출의 '민주적인 절차'는 교육청마다 매뉴얼로 꼼꼼히 정리해놓았으니 그대로 따라 하시면 됩 니다. 절차가 조금 복잡해 보이지만 보통 학부모회 담당 선 생님이 도와주시니 걱정할 필요 없어요. 물론 도움을 받을 때에도 어디까지나 주체는 학부모회여야 하겠지요. 학부모회에서 모든 것을 알아서 할 수 있다면 더욱 좋고요.

학부모회 실질의결기구, 대의원회

구성도에서 총회 바로 아래에 자리 잡은 대의원회는 '학부모를 대표하는 대의원들이 모인 의사결정기구'입니다. 학부모회 임원과 학년·학급 학부모회 대표를 '포함'하여 구성하되 대의원의 수는 해당 학부모회 규정으로 정하도록 되어 있어요(경기도교육청,《학부모회 운영 매뉴얼》). 여기에 기능별 학부모회 대표를 의무적으로 포함시키느냐, 가급적 포함시키느냐는 교육청마다 달라요. 학부모회에 따라서 대표뿐 아니라 부대표와 총무 등을 포함시키는 경우도 있지요. 아무튼 중요한 것은 학부모를 대표하는 학부모들이 모여서 학부모회의 중요한 안건들을 논의하고 결정한다는 점이에요.

대의원회에서 처리하는 안건은 크게 두 가지입니다. '총회의 의결사항 외의 학부모회 운영에 관한 사항'과 '총회의 의결로 대의원회에 위임한 사항'이에요. 이 두 가지 사항들을 논의하고 결정하는 게 대의원회의 역할이지요. 한마디로 총회에서 결정하는 몇몇 안건(예컨대 학부모회 규정 제·개정 등)을 제외한 학부모회 관련 안건은 모두 대의원회에서 결정되는 셈이에요. 거기다 학부모회 활동계획같이 총회의 의결로 대의원회에 위임되는 안건들도 의결하고요. 그러니 학부모회 운영에서 대의원회가 총회보다 더 중요한 역할을 한다고 볼 수도 있어요. 결정해야 할 안건이 있을 때마다 총회를 소집할 수는 없는 노릇이니까요.

총회가 끝나고 신임 학부모회장이 가장 먼저 준비하는 것이 바로 대의원회입니다. 이때 학부모회 활동계획을 포함한 안건 및 일시, 장소를 회의 개최 7일 전까지 공고해야 해요. 왜 안건까지 미리 공개해야 하냐고요? 그래야 대의원들이 회의에 앞서 학부모들의 의견을 모을 수 있기 때문이죠! 대의원은 이름 그대로 학부모를 대표해서 회의에 참석하는 것이니까요. 미리 안건을 공유해서 학부모들의 의견을 들어야죠. 대의원회 전에 반 모임 등을 통해 의견을 수렴하면 더욱 좋고, 밴드 등을 통해 온라인으로 의견을 모을 수도 있어요. 회의가 끝난 뒤에는 그 결과를 학부모들과 공유해야 하고요.

대의원회도 총회처럼 정기회의와 임시회의로 나뉘어요. 정기회의는 1년에 1회 이상, 임시회의는 회장이나 제적 대의원 4분의 1 이상의 요구가 있을 때 개최합니다(일부 교육청은 5분의 1 이상으로 규정했어요). 조례 규정은 이렇지만 학부모회를 실제로 운영해보면 대의원회는 1년에 3회 정도가 적당한 것 같아요. 3월 총회 뒤에 한 번, 1학기 말에 한 번, 학년 말에 한 번으로요. 첫 대의원회에서는 한 해의 계획을 잡고, 다음에는 1학기 운영을 평가한 뒤 2학기 계획을 세우고, 마지막에는 학년 전체를 평가하는 식이죠. 그런데 1년에 세 번 열리는 대의원회에서 실무적인 부분까지는 논의하기 힘들어요. 이럴 때는 임원과 학년 대표, 기능별 대표까지 모이는 실무 회의를 별도로 진행하면 편리합니다. 한 달에 한 번씩 정기적으로 모이거나 필요할 때마다 모일 수도 있어요.

학부모회의 기초, 학년·학급 학부모회

이제부터는 학부모회 구성도의 아래쪽에 있는 학년 학부모회와 학급 학부모회에 대해서 알아보겠습니다. 아래에 있다고 덜 중요한 건 아니에요. 오히려 아래에 있을수록 더 중요하다고 할 수 있죠. 학부모회의 기초를 이루는 셈이니까요. 학부모회가 '민주적으로' 운영되기 위해서는 무엇보다 학급·학년 학부모회가 튼튼해야 합니다. 지방자치가 튼튼해야 민주주의가 발전하는 것처럼요.

경기도교육청의 《학부모회 운영 매뉴얼》을 보면 학년별

학부모회와 학급별 학부모회에 대한 설명이 마치 쌍둥이처럼 닮았습니다. 아쉽게도 이것만 봐서는 학부모회가 어떻게 구성되고, 하는 일은 무엇인지 감이 안 잡히는 것도 똑같죠. 물론 걱정하실 필요는 없습니다. 지금부터 꼼꼼히 설명할 테니까요.

학년별 학부모회

가. 구성: 학년 모든 학생의 부모 등 보호자

나. 대표 선출: 학년별 대표 1명(학년별 부대표 ○명) 등 민주적인 절차에 의함

다. 대표 임기: 선출일로부터 다음 학년도 시작 전까지

라. 역할: 학년 학생들의 학교생활, 학년 운영 등에 대한 건의와 지원 사항을 논의

마. 운영 시기: 학년 학부모회 대표나 해당 학년 학부모회 회원 4분의 1 이상의 요구가 있을 때에 회의 개최

학급별 학부모회

가. 구성: 학급 모든 학생의 부모 등 보호자

나. 대표 선출: 학급별 대표 1명(학급별 부대표 ○명) 등 민주적인 절차에 의함

다. 대표 임기: 선출일로부터 다음 학년도 시작 전까지

라. 역할: 학급 학생들의 학교생활, 학급 운영 등에 대한 건의
와 지원 사항을 논의

마. 운영 시기: 학급 학부모회 대표나 해당 학급 학부모회 회
원 4분의 1 이상의 요구가 있을 때에 회의 개최

■ 학급별 학부모회 운영 TIP

※ 교사와 학급 학부모 간 원활한 소통과 협조체계를 유지함.

1. 학부모회의 기본 단위인 학급별 학부모 회의를 적극 운영
한다.

2. 참여 활성화를 위하여 회의 개최를 정례화한다.

3. 회의 장소는 사전에 조율하여 학급이나 학교 여유 공간을
이용한다.

4. 회의 주제는 미리 안내하고 학급공동체의 소통을 위해 상
호 존중하는 자세를 갖는다.

출처: 경기도교육청,《2022 학부모회 운영 매뉴얼》

학년·학급 학부모회는 해당 학년과 학급의 모든 학부모로
구성됩니다. 대표 1명에 부대표 ○명을 뽑도록 되어 있군요.
그런데 학년·학급 학부모회의 대표와 부대표 숫자는 어느

교육청의 조례에도 나와 있지 않습니다. 해당 학교의 학부모회 규정으로 정할 수 있다는 이야기죠. 보통은 대표 1명에 부대표 1명, 거기다 총무 1명을 더하는 학교도 있어요. 역시 학교 사정에 따라 학부모회 규정으로 정하면 됩니다. 다만 학년·학급 대표를 '민주적인 절차'에 의해 선출한다는 건 거의 모든 교육청 조례에 나와 있습니다. 이걸 글자 그대로 해석하면, 학부모회 임원을 뽑듯 '선출관리위원회'를 구성하고 해당 절차를 거쳐야 한다고 볼 수 있지요. 하지만 현실에서 그렇게 이루어지는 경우는 거의 없습니다. 앞서 살펴보았듯 보통의 학교에서는 학급 대표를 '채우는' 것만 해도 버거운 일이니까요. 학급운영 설명회에서 누군가 자원한다면 박수로 환영하고, 그렇지 않다면 치열한 눈치 작전과 읍소 등을 통해 결정되게 마련이죠. 이렇게 뽑힌 학급 대표들이 모여서 학년 대표를 선출하게 되지요. 이때도 약간의 눈치 보기가 있지만 그래도 학급 대표보다는 수월하게 진행됩니다.

코로나19 이후에는 비대면 총회가 일반화되면서 온라인으로 학급 대표를 뽑는 학교가 많아졌어요. 이 경우에도 자원하는 사람이 없으면 이전처럼 담임선생님이 부탁해서(?) 채우기도 합니다. 하지만 지원자가 없으면 억지로 누군가에게 맡기기보다는 학급 대표를 공석으로 두는 것도 괜찮습니다. 시간이 지나면서 학급 학부모회의 필요성을 깨닫게 되면 학급 대표를 하겠다는 지원자가 나올 수 있으니까요. 학급 대표가 없는 반은 학부모 의견 수렴이나 정보 공유에서 아무래도 불이익을 받게 되거든요. 이걸 안 학부모들 중에서 뒤늦게 지원자가 나오는 거예요. 학년·학급 학부모회 또한 학부모들의 자치조직이기에, 담임선생님이 개입하기보다 차라리 공석으로 두는 것이 원칙에도 맞아요. 덕분에 학부모들의 자발적인 참여가 이루어지면 더욱 좋지요.

'반 모임'이 바로 서야 학부모회가 산다!

다음으로는 학년·학급 학부모회가 하는 일에 대해 알아볼까요. 매뉴얼에는 "학년(학급) 학생들의 학교생활, 학년(학급) 운영, 교과 수업 등에 대한 지원, 건의사항 등에 대해서 논의 및 의견 수렴"이라고 되어 있군요. 한마디로 '학년·학급별 학부모 의견 수렴'이라고 볼 수 있네요. 학급별로 수렴된 학부모의 의견이 학년으로 모이고, 다시 학부모회 전체의 의견이 되는 겁니다. 학년 대표는 학급 대표들이 수렴한 의견을 학년 단위로 취합하는 역할을 합니다. 동시에 학부모회 임원, 기능별 학부모회 대표 등과 함께 실무 회의에 참여하기도 하죠. 사실 이보다 더 중요한 것은 학급별 학부모회의 활동이라고 할 수 있어요. 학급별 의견 수렴이 없으면 학년별 의견도, 학부모회 전체 의견도 없으니까요. 따라서 학급 학부모회의 가장 중요한 활동도 의견 제시와 모니터링입니다. 물론 초등학교의 경우라면 우리 반이 맡은 녹색교통 봉사를 '빵꾸'내지 않고 무사히 잘하는 것도 중요하지만 말이죠.

이렇게 중요한 학급 학부모회의 활동을 이끄는 것이 학급 대표 학부모(반 대표)의 역할입니다. 그렇다고 너무 부담 가질 필요는 없어요. '반 모임(학급별 학부모 회의)' 하나만 잘하면 만사 오케이이니까요. 첫 번째 반 모임은 대체로 공개수업 때 이루어집니다. 이때 많은 학부모가 오니 그 전에 미리 반 모임 공지를 하면 쉽게 모일 수 있거든요. 공지를 하려면 학급 대표가 미리 학급 학부모들의 연락처를 담임선생님께 받아야 합니다. 요즘은 대부분의 학교에서 학년 초에 학부모 개인정보 제공 동의서를 받으면서 '학부모회 활동에 활용'이라는 항목을 넣으니 연락처를 받는 것이 어렵지 않아요. 물론 해당 항목에 동의 표시를 한 학부모의 연락처만 받아야 겠죠(가끔 다른 항목에는 동의하면서 학부모회 부분은 안 하는 분들이 있어요). 학부모회가 자리를 잡은 학교에서는 학부모회에서 직접 개인정보 제공 동의서를 받기도 합니다. 어느 경우든 제공받은 개인정보는 학부모회 활동 이외에는 사용해서는 안 되고요.

그런데 담임선생님이 "학부모 연락처를 학급 대표에게 드려도 되는지 학교에 한번 알아보겠다."고 말씀하시고는 후속 연락이 없는 경우가 왕왕 있습니다. 학급 대표는 하염없이 연락만 기다리다 괜히 선생님께 부담을 드리는 것 같아 연락처 받기를 포기하기도 하죠. 심지어 "학부모님들의 개인정보는 다른 분께 드릴 수 없습니다." 하고 대답하는 선생님도 계십니다. 아마 동의서가 없거나, 있어도 학부모회 관련 내용이 없던 시절의 기억 탓에 그럴 거예요. 그러니 그때는 당황하지 말고, "선생님~ 학년 초에 받은 개인정보 동의서에 '학부모회 관련 정보 활용' 동의해주신 학부모 연락처만 주시면 돼요."라고 말씀하시면 됩니다.

조금 멀리 돌아왔네요. 드디어 첫 반 모임입니다. 공개수업에다 첫 번째 반 모임이니 학부모님들이 많이 오셨군요(물론 거의 다 어머니들이죠). 카페나, 점심시간이라면 식당에서 모이기도 합니다. 돌아가면서 자기소개를 하고(이때 어머니들은 아이 이름과 함께 자신의 출생 연도를 말하기도 합니다), 차를 마시거나 식사를 하면서 지금까지 짧게 경험한 수업과 학급

생활, 담임선생님에 대해 이야기를 나눕니다. 처음이라 그리 깊이 있는 대화가 오가지는 않아요. 그래도 분위기는 사뭇 화기애애합니다. 한두 시간 시간이 흐른 뒤 서로 협력해 좋은 반을 만들자는 덕담을 나누고 헤어집니다. 이때 학급 대표가 모두의 찻값을 내거나, 심지어 식대를 계산하는 일도 있어요. 원래 알던 학부모들끼리 2차(?)를 가기도 하지요. 그러고 나서는 아쉽게도 더 이상의 반 모임이 없는 경우도 있고, 마음 맞는 엄마들끼리 반 모임을 이어가기도 합니다. 이번에도 카페나 식당, 아이들이 초등 저학년인 경우에는 놀이방을 갖춘 곳에서 만나기도 하죠. 그런데 이런 반 모임 풍경, 익숙하신가요? 아니면 어딘가 어색하신가요?

예전에는 이런 식의 반 모임이 일반적이었습니다. 그러다 끼리끼리 뭉치기도 하고 다툼이 벌어지기도 했죠. 하지만 지금 반 모임 풍경은 바뀌고 있고, 또한 바뀌어야 합니다. 어떻게요? 조금 전에 본 경기도교육청 《학부모회 운영 매뉴얼》의 '학급별 학부모회 운영 TIP'에 모범답안이 있습니다. 첫 번째가 "학부모회의 기본 단위인 학급별 학부모회의에 적극 참여하도록 한다."로군요. 여기서 '학급별 학부모 회의'가 반 모임의 공식 명칭이에요. 그러니까 반 모임은 어머니들이 밥 먹고 차 마시는 친목 모임이 아니라 학급의 일을 논의하는 회의라는 말이지요. 그러기에 "장소는 사전에 조율하여 학급이나 학교 여유 공간을 이용한다."라는 말이 나오는 거예요. 학부모 상주실이나 해당 학급 교실에 모여 공식적인 회의를 하는 겁니다. 그렇다고 회사에서 업무 회의 하듯이 딱딱하게 진행할 필요는 없어요. 차와 간단한 다과를 앞에 두고 편안하게 이야기를 나누면 됩니다. 대신 회의 주제와 안건을 미리 알리고, 회의 결과 또한 문서로 만들어 담임선생님께 드리면 더욱 좋겠죠. 여기서 모인 의견을 학년회의와 대의원회를 통해 전체 학부모회 의견으로 수렴하고요. 가능하다면 맞벌이 학부모도 참여할 수 있도록 저녁시간에 회의를 하는 것을 추천합니다. 이럴 경우 담임선생님이 함께하신다면 더욱 좋아요. 이런 반 모임이라면 매달 하는 것도 좋겠지만 대의원회처럼 1년에 세 번쯤 해도 괜찮답니다.

코로나19 사태 뒤에는 반 모임의 모습이 또 한 번 바뀌었습니다. 오프라인에서 만나는 대신 온라인으로 소통하는 경우가 늘었어요. 이때 유용한 것이 SNS예요. 보통 밴드나 카카오톡 단톡방을 이용하는데, 정보 전달과 의견 수렴을 위해서는 밴드가 더 편리해요. 초대하면 강제가입(?)이 되는 카카오톡과는 달리 초대장을 받은 후 가입 여부를 선택할 수 있어서 학부모의 부담감을 줄일 수 있지요.

학급 SNS를 운영할 때 몇 가지 주의해야 할 점이 있습니다. 우선 몇 가지 규칙을 미리 정해서 공지하는 것이 좋아요. 예를 들어 개인정보 노출이나 인신공격, 상업적·정치적 내용은 삼가고 남을 배려하는 SNS 에티켓을 지켜주십사 하는 것들이에요. 그리고 같은 반 학부모들의 반응이 냉랭하다고 실망하실 필요는 없어요. 얼굴도 모르는 학급 대표의 게시물에 '좋아요'를 누르거나 댓글을 다는 건 쉽지 않은 일이니까요. 꾸준히 대의원회 등을 통해 알게 된 학교 소식과 유익한 정보들을 올리면 점차 반응이 뜨거워질(?) 거예요.

기능별 학부모회 알아보기

기능별 학부모회는 "교육 활동 지원 및 참여 등을 위하여 특정한 활동을 목적으로 구성되는 학부모회 조직"입니다(서울특별시교육청,《질의와 사례로 알아보는 알기 쉬운 학부모회》). 이렇게 설명하면 뭔가 알쏭달쏭하지만, 앞에 나온 학부모회 구성도의 '도서 관련 지원' '아버지회' '교통안전 관련 지원' 같은 이름들은 익숙하네요. 도서 관련 지원은 학교 도서관 봉사, 교통안전 관련 지원은 등하교 교통봉사를 하는 조직이죠(보통 '학부모 명예사서'나 '녹색어머니회'*라고 불러요). 아버지회는 이름 그대로 아버지들의 모임으로, 가족캠프나 아버지 대상 학부모교육을 기획하는 일을 합니다. 운동장 정비나 학교 공간 혁신 프로젝트같이 힘쓰는 일(?)을 하기도 하고요(그래서 '아버지 봉사단'이라고 이름 지은 곳도 있죠). 모두 '특정한 활동을 목적으로 구성된 학부모회 조직'이라는 공통점이 있군요.

여기에 '어머니폴리스'나 '예절교실 어머니회', '책 읽어주는 엄마들' 같은 봉사 동아리를 비롯해서 '손뜨개반', '우크렐레 합주반' 같은 취미 동아리들도 몽땅 기능별 학부모회에 포함됩니다. 중고등학교의 경우에는 '입시 연구반' 같은 학부모 동아리도 있어요. 그야말로 다종다양한 학부모 조직을 포괄하고 있네요. 한마디로, 학년 및 학급 학부모회를 제외하고 학부모들이 모인 조직은 모두 기능별 학부모회에 포함되는 거예요. '녹색어머니회'와 '우크렐레 합주반'처럼 전혀 달라 보이는 조직이 모두 기능별 학부모회에 속하는 것은 이런 까닭입니다. 학교 사정에 따라 다양한 기능별 학부

---

* 학부모단체나 동아리에는 유독 '어머니'나 '엄마'라는 이름이 붙는 경우가 많아요. 학부모회 활동은 어머니들이 대부분인 현실을 반영한 것이죠. 앞으로는 아버지들도 많이 참여해서 '학부모'라는 이름이 더 많이 쓰였으면 좋겠습니다. 학부모회 규정 개정을 통해 이름을 바꿀 수 있습니다.

모회가 있는 곳도 있지만 기능별 학부모회가 전혀 없는 곳도 있어요. 모든 교육청 조례에 따르면, 기능별 학부모회 구성은 선택사항이니까요.

기능별 학부모회는 학교교육 참여의 창구이자 전체 학부모회를 잘 돌아가게 만드는 윤활유 역할을 합니다. '예절교실 어머니회'가 학생 예절교실을 열고 학부모 명예사서가 도서관 봉사를 하거나 학생 독서교실을 운영하는 식으로 학교교육 참여가 이루어지죠. 손뜨개, 우크렐레, 캘리그라피 같은 취미 동아리는 학부모회의 문턱을 낮춰서 학부모 참여를 쉽게 만들어요. 덕분에 학부모회에 대한 관심이 높아지고 더 많은 학부모가 참여하게 되지요. 앞서 살펴보았듯, 취미 동아리에서 학생교육 프로그램을 만들 수도 있고요. 학부모들의 요청이 있으면 새로운 기능별 학부모회를 만들 수도 있어요. 물론 미리 정해둔 학부모회 규정에 따라야겠지요. 이때 대의원회 결의를 통해 기능별 학부모회를 만들 수 있도록 하면 좋습니다. 이렇게 공식적인 절차를 거쳐야 학부모회 차원의 예산 지원도 가능하답니다.

한 가지 기억해야 할 것은 기능별 학부모회가 전체 학부모회의 산하조직이라는 사실입니다. 각 조직마다 대표를 중심으로 자율적으로 운영되지만 대의원회와 총회의 결정을 따라야 한다는 뜻이에요(당연히 학부모회장이나 임원들의 '지도·감독'을 받아야 한다는 의미는 아닙니다). 그러니 예산도 학부모회 예산 중 일부로 편성한 후 대의원회와 총회에서 결정하게 되죠. 그런데 학부모회 조례가 생기기 전부터 있던 기능별 학부모회 조직, 예컨대 녹색어머니회 같은 곳은 학부모회와 상관없이 운영되는 경우가 종종 있어요(사실 '기능별 학부모회'라는 단어 자체가 조례와 함께 만들어진 거예요). 이런 경우에는 예산도 학부모회와는 별도로 편성되고 운영 또한 독자적으로 이루어져요. 이런 탓에 가끔은 학부모회장과 녹색어머니회장이 갈등을 겪기도 하지요.

이런 문제를 해결하는 가장 좋은 방법은 대의원회에 기능별 학부모회를 포함시키는 겁니다(이미 많은 교육청 조례에서 이걸 의무사항으로 규정하고 있지요). 그러면 자연스럽게 녹색어머니회를 비롯한 기능별 학부모회가 전체 학부모회의 산하조직으로 운영되거든요. 기능별 학부모회 대표들이 참여한 대의원회의 결정을 따르는 것도 당연한 일이 되고요. 학년 및 학급 학부모회와 기능별 학부모회가 협력하기도 쉬워져 전체 학부모회가 더 잘 운영되기도 한답니다.

05

학교운영위원회를 알아야
학부모회가 보인다!

학부모회를 꼼꼼히 살펴보았으니, 지금부터는 학교운영위
원회(이하 학운위)에 관해 알아보도록 하겠습니다. 학부모회
활동을 하는 데 굳이 학운위까지 알아야 할 필요가 있냐
고요? 네, 있습니다! 학운위를 알아야 학부모회 활동을 제
대로 할 수 있으니까요. 학부모회의 학교교육 참여는 학운
위를 통해서 이루어지는 경우가 많거든요.

학운위는 교직원과 학부모뿐 아니라 지역주민까지 모여서 학교 운영의 중요한 사항을 결정하는 교육자치기구입니다. 학부모회가 회장이나 임원이 아니라 대의원회와 총회를 통해 운영되는 것처럼, 학교 또한 교장이나 교감이 아니라 학운위를 통해 운영되는 거예요. 그러니 학부모회가 학교교육에 제대로 참여하기 위해서는 학운위를 잘 알아야 한답니다.

학교운영위원회 개념 잡기

학교운영위원회는 '학교 운영의 중요한 사항에 대해서 학교 구성원들이 참여하여 민주적인 절차에 따라 자율적으로 결정하는 단위 학교 차원의 교육자치기구'입니다.[*] 학운위를 만든 이유는 간단합니다. 이전까지 교육부나 교육청의 관리·감독 아래 철저히 타율적으로(시키면 시키는 대로) 운영되던 학교를 자율적으로 운영하기 위한 것이죠. 그래서 학운위는 '단위 학교 차원의 교육자치기구'(=학교자치기구)가 되는 거예요.

---

[*] 학운위에 대한 설명은 경기도교육청의 《학교운영위원회 업무편람》을 주로 참고했습니다.

그런데 학교자치는 왜 필요할까요? 학교가 자율적으로 운영되어야 개별 학교의 실정과 특색에 맞는 다양하고 창의적인 교육을 할 수 있기 때문이에요. 우리나라처럼 학교 운영의 세세한 부분까지도 교육부, 교육청의 지시(공문)에 따라 천편일률적으로 움직이는 '교육 선진국'은 지구상에 없습니다. 이건 오랜 시간 이어진 권위주의 정권의 산물이기도 해요. 당연히 이런 상태로는 다양한 교육, 창의적인 교육을 기대하기 어렵죠. 이것이 심각한 문제라는 걸 일선 학교뿐 아니라 교육당국도 잘 알고 있어요. 그래서 전국의 모든 학교에 학운위를 만들고, 몇몇 교육청은 '학교자치 조례'까지 제정한 거예요.

학교자치를 위해 굳이 학운위라는 기구를 만든 이유도 분명합니다. 학교 운영에 교사와 학부모, 지역주민까지 다양한 교육 주체가 참여해야 민주적 학교자치가 되기 때문이지요(여기에 학생의 참여를 보장하는 법률이 발의되었다고 앞서 말씀드렸죠). 과거에는 교육청의 관리·감독을 받는 교장선생님이 학교 운영의 전권을 가지고 있었다면, 이제는 다양한 학교 구성원이 참여해서 민주적으로 학교를 운영하는 겁니다.

그림 1 학교운영위원회의 구성

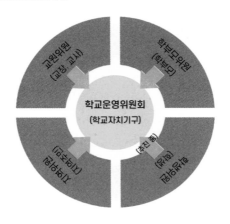

학운위는 '초·중등교육법'과 '초·중등교육법시행령' 등에 근거한 법정기구입니다. 또한 학교장(집행기관)과는 별도로 운영되는 독립기구예요. 학운위가 학교장 아래 있는 조직이 아니라는 말씀입니다. 학교장 또한 교원위원의 한 사람으로서 학운위에 참여하는 거예요. 또한 초·중등교육법시행령에서는 교원위원이 학운위 위원장과 부위원장을 맡지 못하도록 규정하고 있습니다. 자칫 학운위가 교원위원 중심으로 운영되는 것을 막기 위한 장치죠. 그만큼 학운위의 민주적인 운영이 중요하다는 뜻입니다.

학교운영위원회가 하는 일

그렇다면, 이렇게 중요한 학운위에서 무슨 일을 할까요? 학운위는 '학교 운영에 관한 주요 사항을 심의하는 일'을 합니다. 먼저 '학교 운영에 관한 주요 사항'이 무엇인지부터 알아볼게요. 초·중등교육법은 이것들을 무려 14가지로 꼼꼼하게 정리해놓았어요. 거기에는 '학교헌장과 학칙의 제정 또는 개정' '학교 예산안과 결산' '학교 교육과정의 운영 방법' '교과용 도서와 교육자료의 선정' '교복·체육복·졸업앨범 등 학부모 경비 부담 사항' 등이 포함되어 있지요. '공모 교장의 공모 방법, 임용, 평가'와 '초빙교사의 추천'까지도 학운위에서 심의를 받아야 하는 사항이에요. 학칙과 예산, 교육과정뿐 아니라 공모 교장이나 초빙교사 임용까지 망라된 것을 보니 정말 학교 운영의 중요한 사항은 모두 학운위를 거쳐야 한다는 것을 알 수 있군요.

그런데 '의결'이 아니라 '심의'라는 게 조금 걸립니다. 심의는 모두 강제성이 없는 것이니까요. 그렇다면 학운위가 요식행위에 불과한 거냐고요? 그렇지 않습니다. 학운위가 심의해서 결정한 사항을 학교장이 따르지 않으려면 그 이유를 학운위와 관할 교육청에 서면으로 보고해야 하거든요. 만약 이유가 정당하지 않다면 관할 교육청에서 시정명령을 내릴 수도 있어요. 이런 장치 덕분에 학운위 심의 결과를 학교장이 따르지 않는 경우는 매우 드물어요. 오히려 법률에서 명시적으로 정하지 않은 사항도 학교장이 먼저 나서서 학운위 심의를 받는 경우가 더 많습니다. 그래야 '집행 근거'가 마련되는 셈이니까요(더불어 책임에 대한 부담도 좀 덜 수 있고요).

당연한 이야기지만, 국·공립학교든 사립학교든 학운위가 '거수기' 노릇만 한다면 학교자치가 제대로 이루어질 리 없습니다. 학운위가 생긴 지 20년이 넘었지만 여전히 제 역할을 못 하고 있다는 비판에서 자유롭지 못한 것도 사실이에요. 그렇다면 어떻게 해야 학운위를 제대로 운영할 수 있을까요? 이거야말로 책 한 권 분량이니 아쉽지만 《학교운영위원회 사용설명서》를 기약하기로 하고, 여기서는 학부모회와 관련된 부분만 살펴보기로 하겠습니다.

학교운영위원회를 통해 학교교육 참여하기

학부모회가 학운위를 통해 학교교육에 참여하는 방법은 크게 두 가지입니다. 첫 번째는 학부모회장이나 임원, 혹은 대의원들이 학운위 학부모위원을 겸임하는 겁니다. 물론 그러기 위해서는 학운위원으로 입후보를 해야 하고 필요한 경우에는 경선을 거쳐야겠죠. 학교장은 당연직으로 교원위원이 되지만, 학부모회장은 그렇지 않거든요. 대신 대다수 교육청에서는 학부모회 임원들이 학운위원을 겸임하는 걸 '적극 권장'하고 있어요. 그래야 학교자치가 제대로 이루어질 수 있다고 설명하면서요. 이유는 간단합니다. 학부모회 임원이나 대의원이 학부모위원으로 참여해야 학부모 전체 의견을 학운위에 반영하기 쉽기 때문이에요.

학부모위원은 개인 자격이 아니라 학부모의 대표로 학운위에 참여하는 겁니다. 따라서 학운위에 상정된 안건에 대해 개인 의견이 아니라 학부모 대다수의 의견을 수렴한 내용을 제시해야 하죠(학운위 안건을 회의 일주일 전까지 공고하도록 정한 건 학부모 의견 수렴을 위해서예요). 그런데 만약 학부모위원이 학부모회와 아무런 관련이 없다면 전체 학부모 대상의 의견 수렴이 어려울 거예요. 학부모회를 통해 전체 학부모의 의견을 물어볼 수 있지만 아무래도 번거롭고 시간도 더 걸리겠죠. 학부모회 임원이나 대의원이라면 전체 학부모 의견 수렴이 쉬워요. 평소에 늘 하는 일이니까요. 그래서 교육청에서 학부모회의 학운위 참여를 권장하는 거예요.

학부모회 입장에서 봐도 학운위 참여는 꼭 필요한 일입

니다. 학운위 안건에 대한 의견을 제시할 뿐 아니라 학부모 의견 수렴을 통해 새로운 안건을 제안할 수도 있거든요. 또한 학운위원은 학교 운영에 대한 세부적인 정보들을 교무실이나 행정실에 요청해 받아볼 수 있어요. 필요한 경우 이 정보를 학부모들과 공유하고 의견을 받을 수도 있지요. 하지만 기억하세요. 학운위에 학부모위원이 참여하는 것은 학교의 비리(?)를 잡아내기 위해서가 아닙니다(물론 만에 하나 학교에 잘못이 있다면 고쳐야겠지만요). 그보다는 학부모 대다수의 의견을 학교 운영에 반영하기 위해서 활동하는 거예요.

참고로 초·중등교육법시행령에 따르면 학운위원 구성 비율은 학부모위원(40~50%) > 교원위원(30~40%) > 지역위원(10~30%) 순입니다. 학부모위원의 비중이 가장 높은 것은, 당연히 학부모 마음대로 학교를 운영하라는 의미가 아닙니다. 지금까지 학교교육에서 제대로 목소리를 내지 못했던 학부모들을 배려하기 위해서랍니다.

학교 참여 한 걸음 더, 소위원회와 다른 위원회들

학부모회가 학운위를 통해 학교교육에 참여하는 두 번째 방법은 학운위 산하의 여러 소위원회에 참여하는 것입니다.

소위원회란 이름 그대로 학운위 아래 설치·운영하는 '소규모 위원회'를 가리킵니다. 소위원회는 특정한 안건의 심의를 돕기 위한 사전조사기구예요. 즉 제한된 시간의 학운위 회의에서 다 다룰 수 없을 만큼 크고 중요한 안건을 미리 논의해서 그 결과를 학운위에 제출해 원활한 심의를 돕는 겁니다. 소위원회는 보통 학부모(학운위 학부모위원 1명 이상 포함 필수)와 교사, 학생, 외부 전문가 등으로 구성되지요.

대표적 소위원회로는 '학교급식소위원회'와 '예·결산소위원회'를 들 수 있어요. 전자는 모든 학교에서 필수적으로 설치·운영해야 하고, 후자는 설치는 필수지만 학운위의 결정에 따라 운영하지 않을 수도 있지요(지역에 따라 학생 수가 100명 미만이면 예·결산소위원회를 설치하지 않을 수도 있어요). 학교급식소위원회는 급식업체 선정에 참여하고, 선정 후 업체를 방문하여 현장 평가를 실시하며, 학교급식 위생 점검과 검수 등 여러 가지 일을 해요. 예·결산소위원회는 학교의 예산(안)과 결산(안), 추가경정예산(안)을 검토하는 일을 하고요. 이것도 일이 아주 많아서 학운위 회의 때 모두 하려면 시간이 부족하거든요. 그래서 미리 소위원회를 만들어 충분히 시간을 갖고 검토하는 것이죠. 현장 방문과 급식 검수를 해야 하는 학교급식소위원회는 말할 것도 없고요.

이런 소위원회에 학부모회 임원이나 대의원들이 참여하면 단순히 학부모 의견을 전달하는 것에서 한 발 더 나아가 학부모들이 원하는 급식업체를 선정하고, 학부모들이 원하는 교육 활동에 더 많은 예산을 배정할 수도 있어요. 그러니 소위원회 참여는 더욱 적극적인 교육참여로 이어질 수 있는 겁니다. 학교급식소위원회와 예·결산소위원회 외에도 학운위 결의에 따라 다양한 소위원회를 둘 수 있어요. 덕분에 학교마다 현장체험학습활성화소위원회, 방과후학교소위원회, 앨범제작추진소위원회, 교복선정소위원회 등을 두고 있지요. 이런 소위원회들은 학운위와는 별도로 운영되는 위원회로 만들 수도 있습니다. 학교에 따라 방과후학교소위원회인 곳도 있고 방과후학교위원회인 곳도 있다는 말이에요. 이때 가능하면 위원회보다는 소위원회로 꾸리는 것이 더 좋아요. 위원회의 결정사항이 학운위 심의를 거쳐야 하는 경우라면 더욱 그렇죠. 소위원회는 학부모위원의 참여가 필수이고 학운위와 소통 또한 원활하니까요.

이 밖에도 학교에는 여러 가지 (소)위원회가 있어요. 학교도서관운영위원회, 물품선정위원회, 학교자체평가위원회, 학교교육과정위원회 등등이죠. 이 중 상당수 (소)위원회에도 학부모 참여가 필수예요. 아쉽게도, 이런 (소)위원회에 학부모가 자발적으로 참여하는 경우는 여전히 드물어요. 그보다는 학교에서 알음알음으로 채워 넣는 경우가 더 많지요. 학부모 참여가 활발하지 않은 학교라면 특히 그렇죠. "할 일이 거의 없으니 이름만 올려주세요." 하는 선생님 전화를 받고 참여하는 일이 다반사니까요.

이보다는 학부모들이 자발적으로 참여하는 것이, 그것도 학부모회에서 조직적으로(?) 참여하는 것이 훨씬 더 좋아요. 그래야 (소)위원회 활동에도 전체 학부모의 의견을 수렴해서 반영할 수 있으니까요. 학운위처럼 학부모회 임원이나 대의원이 참여해도 좋고, 학부모회 차원에서 통합적으로 모집을 해도 좋지요. 각종 (소)위원회에 열심히 참여해보면 이런 활동이 학부모 모니터링만큼이나 중요하다는 것을 금세 알 수 있답니다(여기에 대해서는 뒤에서 하나하나 설명해드릴게요).

학운위는 대접받고, 학부모회는 고생하고?

혹시 이런 이야기를 들어보셨나요?

"학교운영위원회가 끝나면 교장이 학교 돈으로 비싼 음식 사주는데, 학부모회 행사가 끝나면 학부모들끼리 돈 모아서 김밥 사 먹는다."

학부모들 사이에서 전설처럼(?) 전해오는 말입니다. 실제로 비슷한 경험을 한 분도 많지요. 그래서 화가 난다고 이 말을 인용한 건 아닙니다(물론 기분이 좋진 않군요). 학부모회도 학교 돈으로 비싼 음식 사달라고 주장하는 것도 아니고요(아, 사주시면 감사히 먹겠습니다). 이 문장을 꼼꼼히 뜯어보면 현재 학운위와 학부모회의 위상과 관계, 그 뒤에 숨은 인식의 문제까지도 찾아볼 수 있답니다.

우선 여기서 '학교 돈'은 '학교 예산'을 가리킵니다. 보통 학운위원들의 회식 예산은 학교장 업무추진비가 아니라 학운위 예산이에요. 그러니 학교장이 사주는 게 아니지요. 그렇다면 학운위원들이 비싼 밥을 먹는 걸 부러워할 것이 아니라, 우리도 학부모회 예산으로 비싼 밥을 먹으면 되는 일입니다. 그런데 현실에서 이런 일은 좀처럼 일어나지 않아요. 우선 얼마 되지 않는 학부모회 예산으로 밥을 사 먹는 것이 걸리고, 만약 그러겠다 하더라도 행정실장님이 난색을 표하기 쉽거든요. 학부모회 예산은 밥 먹는 데 써서는 안 된다고 하면서요(사실은 써도 됩니다. 이건 조금 뒤에 학부모회 예산을 다루면서 살펴보도록 할게요).

이건 단순히 '공짜 밥'을 먹고 안 먹고의 문제가 아닙니다. 그 뒤에 깔려 있는 인식이 문제의 본질이죠. '학운위 회의는

(중요하고) 공식적인 일이니 학교 예산으로 식사 대접하는 것이 당연하고, 학무모회 활동은 당연한 자원봉사니 밥까지 사주는 건 오버다.'라는 인식 말이에요. 여기에는 학부모를 교육의 주체가 아니라 (필요하면 언제든 부를 수 있는) 자원봉사자로 여기는 인식 또한 자리 잡고 있죠. 그러니 이런 인식을 바꾸기 위해서도 학부모회와 학운위의 밀접한 활동이 필요합니다. 학부모회 임원과 대의원이 학운위뿐 아니라 소위원회, 기타 위원회에 적극적으로 참여하는 것 말이에요. 등굣길 교통봉사나 학무모폴리스 같은 자원봉사도 물론 중요하지만, 이런 '전통적인' 활동을 넘어서 교사와 학생 같은 다른 교육 주체들과 학교교육에 참여하는 것이 필요한 이유입니다.

Part 2

실전 학부모회 A to Z
현장에서 경험하는 학부모회의 모든 것

06

인수인계부터 총회까지,
학부모회 무작정 따라 하기

　자, 이제부터는 '실전'입니다. 학부모회 활동을 처음 시작
한 분들, 그중에서도 회장 등 임원을 위한 '학부모회 실전
가이드'예요. 특히 '자의 반 타의 반'으로 학부모회 임원을
맡아서 걱정이 태산인 분들, 기왕 시작한 학부모회 활동을
잘하고 싶지만 무얼 어떻게 해야 할지 몰라 막막한 분들, 학
교에서 받은 《학부모회 운영 매뉴얼》과 《학부모회 핸드북》

은 봐도봐도 무슨 말인지 헷갈리는 분들을 위해 준비했습니다. 더불어, 학부모회 업무를 처음 맡으신 선생님이 보셔도 좋아요. 1년 동안의 학부모회 활동을 한눈에 파악할 수 있으니 업무에 도움이 될 거예요.

첫 번째 미션, 인수인계

총회에서 새로운 학부모회 임원으로 선출되셨다고요? 축하드립니다! '우리 아이들을 위한 더 좋은 학교 만들기'에 함께하게 된 것을요. 아직은 좀 얼떨떨하고 무얼 해야 하는지 감이 안 온다고요? 걱정하실 필요 없어요. 지금부터 하나씩 가르쳐드릴 테니, 차근차근 따라오시면 됩니다.

총회에서 새로 뽑힌 학부모회장이 가장 먼저 해야 할 일은 '인수인계'입니다. 전임 회장을 만나 지난해 학부모회 활동에 대한 설명을 듣고 관련 자료를 받는 것이죠. 경기도교육청에서는 3월 정기총회 후 일주일 이내에 인수인계하는 걸 권장하고 있어요. 전임 회장과 신임 회장이 인수인계서를 작성해 1부씩 나눠 갖도록 안내하고 있지요. 실제로도 인수인계는 빠를수록 좋습니다. 그래야 학부모회 운영에 대한 감을 잡고 구체적인 계획을 세울 수 있으니까요. 이때 신·구 임원의 상견례를 겸하면 좋아요. 여기에 학부모회 담당 선생님까지 함께하면 더욱 좋겠죠.

　인수인계에서 주의할 점은, 가능하면 모든 자료를 문서뿐 아니라 파일로도 전달받아야 한다는 거예요. 그래야 이전 파일에 내용만 조금 수정해 새로운 문서를 만들기 편하거든요. 인수인계의 구체적인 내용은 학교마다 다르지만 학부모회 활동 내역과 회계 자료, 각종 회의록 등은 필수입니다. 경기도교육청의 《학부모회 운영 매뉴얼》에 있는 인수인계서 서식(샘플 1)을 참고하면 좋아요. 《학부모회 운영 매뉴얼》에는 이 밖에도 수십 가지 서식 샘플이 있으니 학교 사정에 맞게 수정해서 사용하면 편리합니다(앞으로 나오는 서식 샘플은 모두 경기도교육청의 《2022 학부모회 운영 매뉴얼》을 기본으로 상황에 맞게 수정했음을 알려드려요).

　《학부모회 운영 매뉴얼》의 '학부모회 인수인계서' 서식은 매우 훌륭하지만 인수인계 목록은 살짝 아쉽군요. 예를 들어 목록의 첫 자리를 차지하는 '경기도교육청 학부모회 설치·운영에 관한 조례'는 '기타 자료(매뉴얼, 책자 등)'에 포함되어, 있으니 따로 인계받을 필요가 없어요. 매뉴얼과 책자 또한 해마다 개정되니 올해 것은 학교를 통해 새로 받는 것이 좋고요. 개정판 보급이 늦어지면 PDF 파일로 먼저 확인해

20__ 학년도 ○○학교 학부모회 인수인계서

학교명		
전임 학부모회장	성명	휴대전화
후임 학부모회장	성명	휴대전화
인수인계 목록	- 경기도교육청 학교 학부모회 설치·운영에 관한 조례 - 학부모회 규정 - 학부모회 활동계획서 - 학부모회 활동 자료 - 학부모회 회계 자료(수입·지출 내역서 및 영수증 사본 등) - 학부모회 활동 결과 보고서 - 학부모회 활동 및 회계 감사 보고서 - 기타 자료(매뉴얼, 책자 등)	

20__ 학년도 학부모회에서 20__ 학년도 학부모회로 위와 같이 인수인계함.

20__년 _월 _일

인계자: 전임 회장 성명   (인)

인수자: 후임 회장 성명   (인)

입회자: 학교장 또는 담당 교사   (인)

※ 인수인계 목록은 학부모회 사정에 따라 달리할 수 있으나 인수자, 인계자 협의가 선행

볼 수 있으니 참고하세요. '학부모회 활동계획서'도 전임 회장이 만들어 넘기는 것보다는 신임 회장이 새로 짜는 것이 자연스럽습니다(앞서 학부모회 활동계획이 총회 의결사항이기는 하지만 새로운 대의원회에 위임하는 것이 좋다고 말씀드렸지요).

사실, 가장 중요한 인수인계 자료는 작년 학부모회 활동 결화 보고서예요. 월별로 정리되어 있으면 더욱 좋지요. 이것을 참고해서 올해 계획을 세울 수 있으니까요. 여기에 활동마다 관련된 세부 자료까지 받는 것이 좋습니다. 예컨대 총회라면 총회준비위원회 회의록과 업무분장 기록, 총회 사회 시나리오까지 전달받는 식이죠. 수입·지출 내역서라면 연말에 전임 학부모회장이 행정실에 제출한 양식 그대로 받는 게 좋아요. 그래야 숫자만 바꿔서 재활용(?)하기 편리하답니다. 항목별로 상세하게 정리된 수입·지출 내역서를 받았다면 굳이 영수증 사본까지 챙길 필요는 없어요. 학부모회 예산 사용은 행정실에서 영수증까지 꼼꼼히 확인하거든요.

지난 총회 때 학부모회에서 '개인정보 수집/이용·제공 동의서'를 받았는지도 확인해야 합니다. 이게 있어야 학교에서 대의원을 비롯한 학부모 연락처를 받을 수 있고, 그래야 학부모회 활동을 제대로 시작할 수 있으니까요. 만약 그러지 않았다면 학교에서 학년 초에 학부모 개인정보 제공 동의서를 받을 때 학부모회 관련 활용 항목을 넣었는지 체크하세요. 이 또한 학부모 개인정보를 받을 수 있는 근거가 됩니다(학부모 개인정보 제공 및 이용에 대해서는 181~184쪽에 자세히 설명해놓았습니다).

학부모회 규정을 인수인계할 때는 지난 총회 때 수정한 부분을 중심으로 설명을 듣는 게 좋아요. 그리고 학부모회 활동을 하면서 궁금한 점이 생길 때마다 규정을 찾아보세요. 규정에 관련 내용이 없거나 수정이 필요하면 미리 체크해놓았다가 다음 총회 때 반영하면 좋겠죠. 여기에다 대의원회를 비롯한 각종 회의록까지 받으면 인수인계가 훌륭히 마무리되는 셈입니다. 물론 인수인계 한 번으로 학부모회의 모든 것을 알 수는 없어요. 그러니 궁금한 것이 생길 때마다 전임 회장님께 도움을 청하는 것이 좋습니다. 인수인계를 훌륭히 해주신 전임 회장님이라면 언제든 흔쾌히 도와주실 거예요.

하지만 아쉽게도 모든 전임 회장님이 이렇게 인수인계를 해주시는 건 아니에요. 열심히 활동은 했지만 그 내용을 문서로 정리해놓는 데는 조금 소홀했을 수도 있고, 가끔은 전

---

* 교육(지원)청에 소속되어 학부모가 주체적으로 학부모회를 운영할 수 있도록 돕는 역할을 합니다. 학부모회 관련 상담, 현장 컨설팅, 학부모교육, 학부모회네트워크협의회 운영 등 다양한 방법으로 학부모회 활동을 지원합니다.

학 등 여러 가지 사정으로 인수인계를 제대로 하지 못하는 경우도 있어요. 이럴 때는 당황하지 마시고, 교육지원청 학부모지원전문가 님께 SOS를 보내세요. 그러면 필요한 '모범 자료'들을 제공받을 수 있을 거예요. '학부모회 컨설팅'을 신청하면 학부모지원전문가께서 학교로 와서 학부모회 활동 전반에 대해 꼼꼼히 설명해주신답니다.

참, 샘플 하단에 있는 '입회자' 항목은 없애도 됩니다. 인수인계 때 학부모회 담당 선생님이 함께하시는 건 좋지만 굳이 '입회자'가 필요한 건 아니거든요. 이 밖에 학교에 대한 각종 자료는 학교 홈페이지뿐 아니라 학교 알리미(https://www.schoolinfo.go.kr) 사이트를 이용하면 한꺼번에 찾아볼 수 있어서 편리합니다.

인수인계 핵심 정리!

- 빠를수록 좋다.
- 신·구 임원 상견례를 겸하면 더욱 좋다.
- 가능하면 모든 자료를 파일까지 확보해야.
- 학부모회 활동 보고서와 회계 자료, 각종 회의록 필수!
- 활동마다 세부 자료도 챙기기.
- 인수인계 제대로 못 받으면 학부모지원전문가님께 SOS!

돈이 있어야 일도 한다! 학부모회 예산 체크

인수인계와 함께 꼭 해야 할 일은 올해 편성된 학부모회 예산을 확인하는 거예요. 세상 모든 일이 그렇듯 학부모회 활동도 돈이 있어야 제대로 할 수 있으니까요. 전임 회장이 작성한 '학부모회 예산 요구서'를 보면 올해 예산이 얼마나 편성돼 있는지 알 수 있지만, 정확한 액수는 학교 홈페이지에 올라와 있는 학교 본예산서를 확인하는 것이 좋아요. 학부모회에서 요구한 예산이 늘 그대로 편성되는 것은 아니니까 말이죠. 보통 2월이면 본예산서를 학교 홈페이지에 공개하고 누구나 로그인 없이 다운로드할 수 있습니다. 파일을 연 뒤에 '학부모'라는 키워드로 검색하면 〈표 3〉과 같은 내용이 나올 거예요.

이 학교에서는 '학부모 협력'이라는 항목(정확히는 '세부 사업')으로 모두 300만 원을 편성했군요. 이 정도면 다른 곳보다는 예산이 많은 편이지만, 보통 10억 원이 훌쩍 넘는 학교 전체 예산에 비하면 정말 미미하기 이를 데 없죠. 그래도 잘만 활용하면 다양한 활동을 벌일 수 있어요. 또 예산이 많으면 그만큼 활동을 많이 해야 하기에 오히려 부담스럽기도 하고요. '학부모 협력'은 다시 '학부모교육'과 '학교교육

표 3 경기도 ○○초등학교 본예산서 중 학부모회 예산(단위: 천 원)

2. 학부모 협력	3,000	2,000	1,000		
1. 학부모교육	1,090	0	0		
1. 일반 수용비	650	0	0	학부모 체험연수 재료 구입 20,000원×30명=	600,000원
				학부모회 홍보 활동 물품 구입 50,000원×1회=	50,000원
2. 운영수당	440	0	0	학부모연수 강사수당(기본) 80,000원×1명×2회=	100,000원
				학부모연수 원고료 5,000원×18매×2회=	180,000원
2. 학교교육 모니터링	800	0	0		
1. 일반 수용비	600	0	0	학부모회 총회 연수 자료 제작 2,500원×160부=	400,000원
				학부모단체 발대식 운영 물품 구입 2,000×100명=	200,000원
2. 일반업무 추진비	200	0	0	대의원회의 및 간담회 운영비 20,000×10회=	200,000원
3. 학부모 교육기부	1,110	0	0		
1. 일반 수용비	1,110	0	0	부용천 걷기 운영 물품 구입 5,000원×60명=	300,000원
				가족 달빛캠프 운영 물품 구입 5,000×80명=	400,000원
				어린이날 행사 운영 물품 구입 5,000원×620명=	310,000원
				책따맘 활동 자료집 제작 100,000원×1회=	100,000원

모니터링', '학부모 교육기부' 등의 세부 항목으로 나뉩니다. 학부모교육에는 학부모연수 관련 재료비와 강사비 등이 포함되고, 학교교육 모니터링에는 총회나 대의원회 등 회의 비용, 학부모 교육기부에는 여러 가지 행사 비용이 들어가요.

세부 항목 아래의 일반수용비, 운영수당, 일반업무추진비 등은 원가통계비목입니다. 흔히 줄여서 '비목'이라고 부르죠. 회계가 처음인 분들은 익숙하지 않은 용어일 거예요. 하지만 이걸 잘 알아야 학부모회 예산을 제대로 쓸 수 있으니 주의하세요. 비목이란 '돈의 용도를 목적에 따라 나눈 항목'을 가리킵니다. 쉽게 말해 돈의 용도를 미리 정해놓은 거예요. 예를 들어 일반수용비는 물품 구입이나 자료집 제작 등에 쓸 수 있고, 운영수당으로는 강사비나 원고료를 지불할 수 있으며, 일반업무추진비로는 식사나 음료, 간식 등을 구입할 수 있지요(다행히 학부모회 예산 비목은 이 세 가지만 기억하면 됩니다). 그러니까 비목이 맞지 않으면 돈이 있어도 쓰지 못하는 불상사(?)가 발생합니다. 코로나19 탓에 학부모연수가 취소되어 운영수당이 수십만 원 남았다고 해도 그 돈으로 물품 구입을 할 수는 없다는 말이에요.

그렇다고 방법이 아주 없는 건 아닙니다. '추가경정예산(추경)'을 통해 비목을 바꿀 수 있거든요. 이때 필요하다면 예산을 늘릴 수도 있지요. 마치 정부에서 추경을 편성하는 것처럼요. 하지만 정부 추경이 국회를 통과해야 하는 것처럼, 학교 추경은 학교운영위원회의 심의를 받아야 해요. 이 과정이 조금 복잡하고 시간이 걸리니 추경 편성은 행정실장님과 상의해서 미리미리 준비하는 것이 좋아요. 또 하나, 다른 비목을 '일반업무추진비(업추비)'로 바꿀 수는 없다는 점을 기억해야 해요. 방만한 회계 운영의 주범으로 지목되어온 일반업무추진비는 사용에 제한이 많거든요(예컨대 학교 업무추진비는 매달 홈페이지에 사용 세부 내역을 공개하도록 되어 있어요). 이처럼 추경이 간단하지는 않지만 아주 어려운 일도 아니에요. 실제로 학운위에서는 일상다반사이기도 하죠. 그러니 새로운 학부모회 활동을 위해 추경이 필요하다고 판단되면 학교와 논의해서 진행하시면 됩니다.

학부모회 예산 핵심 정리!

- 학교 본예산서에서 학부모회 예산 확인하기(학교 홈페이지).
- 원가통계비목 확인: 일반수용비, 운영수당, 일반업무추진비.
- 필요하면 추경 통해 비목 바꾸기.

학부모회 로드맵, 연간 활동계획 짜기

인수인계에다 예산 편성 확인까지 마쳤다면, 학부모회 연간 활동계획(안)을 짜야 할 시간입니다. 이 계획안이 대의원회에서 통과되면 본격적인 학부모회 활동이 시작되는 셈이죠. 작년 활동 중 좋은 것은 이어받고, 아쉬운 것은 개선해서 활동계획을 짜면 좋겠네요. 활동계획은 월별로 짜야 보기도 좋고 활용하기도 편리합니다. 인계받은 작년 활동 보고서와 함께 《학부모회 운영 매뉴얼》에 있는 '학부모회 연간 활동(예시)'(샘플 2)를 참고하면 좋아요. 만약 전임 회장님이 올해 연간 활동계획서를 짜놓았다면 더욱 도움이 되겠죠. 물론 전임 회장님의 연간 활동계획서는 어디까지나 참고사항이에요. 반드시 그대로 따를 필요는 없지만 꼼꼼히 살펴보고 좋은 것을 받아들이면 큰 도움이 된답니다.

《학부모회 운영 매뉴얼》의 연간 활동 예시에 대해 간략하게 설명할게요. 3월에는 총회와 인수인계 및 예산 편성 확인, 연간 활동계획 수립, 정기 대의원회 등이 잡혀 있군요. 이건 거의 모든 학부모회에서 동일하게 이루어지는 활동이에요.

4월부터 11월까지 중복되는 '학교교육 활동 참여 및 지원(연중)'은 바로 아래 이어지는 설명처럼 모니터링과 교육기부,

샘플 2 학부모회 연간 활동(예시)

월	활동 내용	월	활동 내용
3월	• 학부모회 총회 및 학부모회 구성 　- 학부모회 임원 선출 　- 학년, 학급, 기능별 학부모회 조직 • 학부모회 인수인계 및 예산 편성 확인 • 학부모회 연간 활동계획 수립 • 정기 대의원회 개최(3~4월)	9월	• 학교교육 활동 참여 및 지원(연중) 　- 학부모 의견 수렴, 모니터링 통한 학교 　　와 소통 　- 교육기부 　- 학부모교육/ 신입생 학부모 간담회 　- 학교별 현안사항 지원 및 참여 등
4월	• 학교교육 활동 참여 및 지원(연중) 　- 학부모 의견 수렴, 모니터링 통한 학교 　　와 소통 　- 교육기부 　- 학부모교육/신입생 학부모 간담회 　- 학교별 현안사항 지원 및 참여 등	10월	• 학교교육 활동 참여 및 지원(연중) 　- 학부모 의견 수렴, 모니터링 통한 학교 　　와 소통 　- 교육기부 　- 학부모교육/ 신입생 학부모 간담회 　- 학교별 현안사항 지원 및 참여 등
5월	• 학교교육 활동 참여 및 지원(연중) 　- 학부모 의견 수렴, 모니터링 통한 학교 　　와 소통 　- 교육기부 　- 학부모교육/ 신입생 학부모 간담회 　- 학교별 현안사항 지원 및 참여 등	11월	• 정기 대의원회 개최(11~12월) • 학부모 학교 참여 우수 사례 공모 신청 • 학교교육 활동 참여 및 지원(연중) 　- 학부모 의견 수렴, 모니터링 통한 학교 　　와 소통 　- 교육기부 　- 학부모교육/ 신입생 학부모 간담회 　- 학교별 현안사항 지원 및 참여 등
6월	• 학교교육 활동 참여 및 지원(연중) 　- 학부모 의견 수렴, 모니터링 통한 학교 　　와 소통 　- 교육기부 　- 학부모교육/ 신입생 학부모 간담회 　- 학교별 현안사항 지원 및 참여 등	12월	• 학기 말 학부모회 활동 예산 집행 내역 　공개(홈페이지 등) • 학부모회 활동 평가 및 다음 연도 예산 　편성 계획 • 학부모회 활동 인수인계 준비 • 다음 연도 학부모회 활동계획(안) 마련 • 다음 연도 학부모회 예산 편성 요청 • 학부모회 총회준비위원회 구성 운영(학교 　사정에 따라 12~2월 구성 운영)
7월	• 정기 대의원회 개최(7~8회) • 학기 말 학부모회 활동 예산 집행 내역 　공개(홈페이지 등) • 학교교육 활동 참여 및 지원(연중) 　- 학부모 의견 수렴, 모니터링 통한 학교 　　와 소통 　- 교육기부 　- 학부모교육/ 신입생 학부모 간담회 　- 학교별 현안사항 지원 및 참여 등	1월	• 신입생 학부모 연수(1~3월)
8월	• 학교교육 활동 참여 및 지원(연중) 　- 학부모 의견 수렴, 모니터링 통한 학교 　　와 소통 　- 교육기부 　- 학부모교육/ 신입생 학부모 간담회 　- 학교별 현안사항 지원 및 참여 등	2월	• 학부모회 총회 준비

학부모교육, 간담회, 학교 지원 등의 다양한 활동을 아우릅니다. 인계받은 지난해 활동 보고서를 보면 '학부모 정기 모니터링' '동아리 모집 및 첫 모임 시작' '급식소위원회 김치공장 모니터링' '학부모 역사체험' '자유학년제 연수' 같은 구체적인 내용이 들어 있을 거예요. 여기에 다른 학교 활동을 벤치마킹하고(이건 학부모지원전문가님께 부탁하면 알려주실 거예요), 우리 학교 학부모회 임원들과 함께 머리를 맞대고 논의해서 새로운 내용을 채워 넣으면 됩니다.

정기 대의원회는 7~8월과 11~12월에 한 번씩 더 여는 것으로 되어 있네요. 앞서 1년에 세 번 대의원회를 여는 것이 좋다고 말씀드린 적이 있죠. 7월과 12월에 예정된 '학기 말 학부모회 활동 예산 집행 내역 공개(홈페이지 등)'는 감사 보고서와 함께 1년에 두 번 올려야 하는 것이죠. 11월의 '학부모 학교 참여 우수 사례 공모 신청'은 꼭 해야 하는 건 아니에요. 열심히 학부모회 활동을 하셨다면, 학교에서 공모 신청을 권할지도 모릅니다. 그럼 못 이기는 척(?) 공모 신청을 해보세요. 칭찬은 고래도 춤추게 한다니, 만약 공모에서 뽑히면 학부모회가 더욱 활성화되지 않을까요?

12월에는 3월처럼 굵직굵직한 활동들이 모여 있군요. 이 중 '다음 연도 학부모회 활동계획(안) 마련'은 내년 회장님께

넘긴다 해도 해야 할 일이 아주 많아요. 무엇 하나 빼놓을 수 없는 중요한 일들이기도 하고요(실행 방법에 대해서는 조금 후에 자세히 설명하겠습니다). 거기다 연말에는 교육청에서 학부모회 임원들을 대상으로 하는 연수나 행사들도 겹쳐서 정신없이 지나가게 되죠. 다음 해 1~3월에 잡혀 있는 '신입생 학부모 연수'는 학부모회에 새로운 피(?)를 공급받기 위해서도 꼭 필요한 행사랍니다. 신입생 학부모들을 따뜻하게 맞이하면서 궁금한 것들을 알려주고, 학부모회 활동 참여를 자연스럽게 유도할 수 있으면 더욱 좋겠죠.

연간 활동계획 뒤에는 예산 사용 계획을 덧붙여주는 것이 좋습니다. 그러면서 전임 회장님이 짜놓은 예산을 새로운 활동계획에 맞춰서 조정하면 더욱 좋겠죠. 앞서 말씀드렸듯, 비목만 같다면 세부 항목은 조정이 가능하니까요. 비목까지 바꿔야 한다면 학운위에 추경을 제출해서 심의를 받으시면 되고요(예산 사용 계획은 135쪽의 〈샘플 8〉을 참고하세요).

연간 활동계획 핵심 정리!

- 지난해 학부모회 활동 보고서와 《학부모회 운영 매뉴얼》 샘플 참고.
- 다른 학교 활동 벤치마킹 + 임원들과 논의.
- 12월은 다른 활동들도 몰리니 좀 더 여유 있게 계획할 것!

학부모회 활동의 첫 단추, 대의원회

연간 활동계획을 짰다면, 다음은 대의원회입니다. 총회 뒤에 열리는 대의원회는 새로운 학부모회의 첫 공식 행사 예요. 그런데 이에 앞서 '학부모회 발대식'을 하는 학교도 있습니다. 녹색어머니회나 학부모폴리스 같은 학부모단체(기능별 학부모회) 활동을 소개하고, 새로운 임원들이 교장선생님께 위촉장도 받고, 학부모회 예산으로 떡도 돌리면서 으쌰으쌰 뭔가 새로운 출발을 알리는 행사로 말이죠. 발대식을 대의원회보다 먼저 치르기도 하고, 발대식과 대의원회를 겸해서 열기도 해요.

사실 '학부모회 발대식'은 유서 깊은(!) 행사예요. 총회나 대의원회보다 먼저 생겼으니까요. 아직 학부모회가 조례를 통해 제대로 자리를 잡기 전, 녹색어머니회나 학부모폴리스 같은 학부모단체(이때는 아직 '기능별 학부모회'라는 이름도 생기기 전이죠.)의 발대식이 한 해 활동의 출발을 알리는 행사 였어요. 그래서 '학부모단체 발대식'이라 불리기도 했답니다. 하지만 학부모회가 차츰 자리를 잡으면서 발대식은 총회나 대의원회에 포함되는 추세입니다. 총회에서 기능별 학부모회 활동을 소개하고, 대의원회 때 학년 대표들과 함께 위촉장을 받는 식으로요. 발대식을 하되 규모를 줄여서 첫 대의원회와 함께 치르는 학교도 있지요. 앞서 살펴본 것처럼 총회를 '학부모회 최고의결기구 겸 흥겨운 잔치'로 치른다면, 발대식을 따로 하는 것보다 총회에 포함하는 것이 좋습니다. 《학부모회 운영 매뉴얼》에도 '학부모회 발대식'을 따로 다루고 있지 않아요.

이런, 서론이 길었네요. 다시 대의원회 이야기로 돌아가겠습니다. 첫 대의원회는 빠르면 3월 말, 늦어도 4월 초를 넘기지 않는 것이 좋습니다. 그래야 학부모회 활동을 제때 시작할 수 있으니까요. 거의 모든 교육청 조례에 '대의원회 개최 7일 전까지 안건 및 일시, 장소를 공고'하도록 되어 있으니 준비를 서두르는 것이 좋아요. 장소는 학부모 상주실이나 시청각실, 회의실 등 학교 공간을 이용하는 것이 기본이죠.

안건과 일시, 장소가 정해지면 〈샘플 3〉을 참고해서 대의원회 개최를 공고하면 됩니다. 이 공고문을 대의원들에게는 가정통신문이나 SNS 등을 통해 개별적으로 알리는 동시에 학교 홈페이지에도 올려서 대의원이 아니더라도 관심 있는 학부모들은 모두 참관할 수 있도록 해야 합니다. 그러니 〈샘

공고 제○○○○-○호

제○회 ○○학교 학부모회 대의원회 개최 공고

○○학교 학부모회 규정 제○조에 의하여 아래와 같이 제○회 ○○학교 학부모회 대의원회 개최를 공고합니다.

  1. 일시: 20__. _. _.
  2. 장소: 본교 시청각실
  3. 안건
     가. ○○○(안)
     나. ○○○ 실시의 건
     다. ○○○(안)

20__년 _월 _일

○○학교 학부모회장

플 3)에 "대의원이 아니더라도 관심 있는 학부모님들은 누구나 참관하실 수 있습니다."라는 문구를 추가하는 것이 좋겠네요.

그럼, 이제 제일 중요한 안건을 살펴볼까요? 다행히 첫 대의원회 안건은 학교마다 크게 다르지 않으니 준비가 어렵지 않아요. 먼저 학부모회 연간 활동계획 및 예산안을 의결하고 학교교육 모니터링, 학부모연수 등 1학기의 중요 활동에 대해 논의하면 됩니다. 예를 들어 학교교육 모니터링은 방학 한 달 전까지 전체 설문조사를 통해 실시하고, 학부모연수 주제는 학년별로 의견을 수렴해 정한다는 식으로요. 이때 학교교육 모니터링 설문지 작성은 임원단이 맡고 학부모연수는 학년 대표들이 진행하는 식으로 업무를 나눈다면 더욱 좋습니다.

여기에 더해, 올해 처음 대의원회에 참여한 분들을 위해 작년 활동을 간략히 브리핑하는 것도 좋아요. 그래야 올해 활동에 대해 전반적인 감을 잡을 수 있으니까요. 또한 학부모회 활동 자체가 처음인 분들을 위해서 학부모회에 대해 간략히 설명하고, 학급 대표나 학년 대표 등이 하는 일에 대해 알려드리면 더 좋습니다. 이런 설명은 보통 총회 때 이루어지지만, 첫 대의원회에서 한 번 더 하는 것도 괜찮아요.

학부모회와 학급 대표, 학년 대표 등에 대한 설명은 앞서 말씀드린 부분을 참고하시면 됩니다.

첫 대의원회에서는 학부모회 임원과 학년 대표, 학급 대표, 기능별 학부모회 대표 등에게 당선증과 위촉장 등을 전달하는 시간도 갖습니다. 학부모회 발대식을 따로 하는 경우가 아니라면 말이죠. 이 경우 보통은 교장선생님께서 나눠주시며 인사말씀도 함께 하십니다. 이때 학부모회 담당 선생님도 같이 인사를 나눕니다. 학부모 대의원들과 학교장, 담당 교원들이 첫 상견례를 하는 셈이죠.

대의원회는 안건 말고도 소소하게 준비해야 할 것들이 많습니다. 우선 대의원 명단과 연락처를 확보해야 합니다. 그래야 대의원회 출석 등록부를 만들 수 있으니까요. 이건 학부모회 담당 선생님께 말씀드리면 주실 거예요. 출석 등록부는 〈샘플 4〉를 참고해서 만들면 됩니다.

출석 등록부 아래 참석, 불참과 함께 참석률을 적는 이유는 모든 교육청 조례에 "대의원회 회의는 재적 대의원 과반수 출석과 출석 대의원 과반수의 찬성으로 의결한다."라고 되어 있기 때문입니다. 그러니까 대의원회가 열리기 위해서는 제적 대의원 과반수가 참석해야 하는 것이죠. 보통 첫 대의원회는 참석률이 높지만 회가 거듭될수록 정족

대의원회 출석 등록부

제○회 ○○학교 학부모회 대의원회　　　　　　　　20__. _. _.(_요일) 00:00

구분	위원명	서명	비고
학부모회장	○○○		
학부모회 부회장	○○○		
학부모회 감사	○○○		불참
○학년 대표	○○○		
○학년 대표	○○○		
○학년 대표	○○○		불참
○학년 ○반 대표	○○○		
○학년 ○반 대표	○○○		
○학년 ○반 대표	○○○		
○학년 ○반 대표	○○○		
○학년 ○반 대표	○○○		불참
아버지회 대표	○○○		
교통봉사단 대표	○○○		
학부모 명예사서 대표	○○○		
⋮	○○○		
계		참석: ○명 불참: ○명 참석률: ○%	

수 채우기가 만만치 않습니다. 그러니 개최 공고와는 별도로 단체 카카오톡이나 문자메시지 등을 통해 참석을 독려하는 것이 좋아요. 대의원 명단과 함께 연락처를 받아야 하는 이유죠. 이와는 별도로 학급 대표가 대의원회에 참석하기 어려울 때 부대표나 총무가 대신 참석할 수 있도록 학부모회 규정에 정해놓으면 정족수 문제로 고민하는 일이 줄어들 겁니다.

또한 연락처를 알면 대의원들에게 여러 가지 소식을 전하고 의견을 수렴할 수 있어서 좋습니다. 대의원 전체를 대상으로는 밴드를 만들고, 학년 대표와 기능별 학부모회 대표, 임원들은 한꺼번에 모아서 단톡방을 여는 것을 추천합니다. 대의원 밴드는 공지사항을 각 반에 알리거나, 특정 사안에 대한 각 반 의견을 모을 때 편리해요. 학년 대표와 기능별 학부모회 대표는 임원들과 함께 여러 가지 실무를 나눠서 진행해야 하니까, 그때그때 대화를 나눌 수 있는 단톡방이 편리하고요.

첫 대의원회 준비부터 이 단톡방을 활용하면 좋습니다. 우선 대의원회 때 다루고 싶은 안건을 학년별, 기능별 학부모회별로 미리 모을 수 있죠. 그리고 출석 등록부 작성, 장소 섭외, 다과 준비 등 소소하지만 손이 많이 가는 일거리들을 나눌 수도 있고요. 학부모회 일이 자칫 회장에게만 몰리기 쉬운데, 첫 사업인 대의원회 준비부터 일을 나누면 한결 수월해집니다. 물론 안건 등 회의 자료 작성은 학부모회장이 직접 하면 좋겠죠. "빨리 가려면 혼자 가고, 멀리 가려면 함께 가라."는 아프리카 속담이 여기서도 적용되는 셈이에요. 사실 대의원회 전에 임원과 학년 대표, 기능별 학부모회 대표가 미리 만나서 안건 등을 논의하면 더 좋겠지만 이렇게 단톡방을 활용하는 것도 괜찮습니다.

이 정도까지 준비했다면 첫 대의원회를 무난하게 치를 수 있을 거예요. 이후 7일 이내에 대의원회 결과를 학교 홈페이지에 공고하면 완벽하게 마무리하는 셈이죠. 대의원회 결과 공고 서식(샘플 5) 또한 매뉴얼에 예시되어 있답니다.

그런데 아쉽게도 대의원회에 참석하지 않은 학부모들이 이런 결과 공고만 보고 내용을 파악하기는 어렵습니다. 그러니 이와 함께 자세한 내용을 담은 대의원회 회의록을 올리는 것이 좋지요. 다행히《학부모회 운영 매뉴얼》에 학부모회 회의록 예시(샘플 6)도 있으니, 사정에 맞춰 변형해 쓰시면 됩니다. 대의원회뿐 아니라 학부모회의 다른 회의도 이런 식으로 정리해 학부모들과 공유하면 더욱 좋겠죠.

공고 제○○○○-○호

20__년도 학부모회 제○회 대의원회 결과 공고

○○학교 학부모회 규정 제○조 제○항에 의하여 20__년 _월 _일 학부모회 제○회 대의원회에서 다음과 같이 안건을 의결하였음을 공고합니다.

번호	안건명	결과	투표
1	○○사업 건	원안 부결	찬성 ○○명 반대 ○○명
2	학부모 의견 수렴 건	원안 가결	만장일치
3	⋮	⋮	⋮
4	⋮	⋮	⋮

20__년 _월 _일

○○학교 학부모회장

20__년도 제○회 ○○학교 학부모회 회의록

회의명:

회의 일시:	회의 장소:

참석자: 재적 회원 ○○명 중 ○○명 참석

회의 내용	
추후 일정	

기록자		(인)	학부모회장	(인)

대의원회 때 나온 의견 중에서 학교에 문의하거나 관련 위원회에 전달할 사항은 문서로 정리해 넘긴 후, 답변이나 논의 결과를 따로 공유하는 것이 좋습니다. 대의원회는 학부모 의견 수렴의 장이기도 하니까요. 예컨대 교육과정에 대한 궁금증이 있으면 학교에 문의하고, 급식 개선을 위한 건의사항은 학교급식소위원회에 전달하는 식이죠.

이렇게 대의원회 결과 공고뿐 아니라 회의록까지 깔끔하게 정리해서 학교 홈페이지에 올리고, 기타 의견을 학교와 관련 위원회에 전달한 후 피드백까지 받았다면 정말 완벽한 마무리입니다. 그렇지만 진짜 일은 이제부터라고 할 수 있어요. 대의원회에서 결정된 학부모회 활동들을 실행해야 하니까요. 이를 위해 임원과 학년 대표, 기능별 학부모회 대표 등과 실무 회의를 갖고, 단톡방 등을 활용해 수시로 소통하는 것이 좋습니다. 가능하면 대의원회 때 사업별로 업무분장까지 해서 관련된 사람들끼리 회의와 소통을 한다면 더욱 좋겠죠.

그런데 본격적인 활동이 시작되면 여러 가지 행사와 학부모연수, 기능별 학부모회 활동, 각종 회의까지 겹쳐서 도무지 정신을 못 차리게 될 수도 있어요. 이때《학부모회 운영 매뉴얼》에 예시된 '월별·주별 학부모회 학교 참여 활동

추진 시기		활동 내용	활동 소그룹명	비고
월별	주별			
5월	1주			
	2주			
	3주			
	4주			
6월	1주			
	2주			
	3주			
	4주			
7월	1주			
	2주			
	3주			
	4주			
8월	1주			
	2주			
	3주			
	4주			
9월	1주			
	2주			
	3주			
	4주			
10월	1주			
	2주			
	3주			
	4주			
11월	1주			
	2주			
	3주			
	4주			
12월	1주			
	2주			
	3주			
	4주			

표'(샘플 7)를 활용해서 학부모회 관련 일정을 한꺼번에 정리하면 헷갈리지 않고 차근차근 일을 진행할 수 있답니다.

이렇게 열심히 활동을 하고 난 1학기 말에는 다시 한 번 대의원회를 열어서 그동안의 활동을 돌아보고 2학기 활동계획을 짜도록 합니다. 1학기 말 대의원회의 또 다른 중요 안건은 학교교육 모니터링인데, 여기에 대해서는 조금 뒤에 자세히 설명할게요.

2학기 말에 열리는 마지막 대의원회 안건도 비슷합니다. 한 해 동안의 학부모회 활동을 평가하며 다음 해 활동계획을 수립하고, 여기에 맞춰 예산안을 준비하는 것이죠. 이때 다음 해 활동계획과 예산안은 큰 것들 위주로 간략히 짜는 것이 좋아요. 그래야 새로 뽑히는 학부모회에서 자신들 계획에 따라 수정하기 쉬우니까요. 활동계획은 앞에서 보여드린 〈샘플 2〉를 참고하시고, 예산안은 〈샘플 8〉을 참고하시면 됩니다.

학부모회 운영 예산 요구서를 작성할 때는 세부 사업명을 잘게 쪼개지 말고 크게 뭉뚱그려 잡는 것이 좋다고 이미 말씀드렸죠? '학부모교육' '학교교육 모니터링' '학교교육 활동 참여·지원' 하는 식으로요. 대신 원가통계비목 항목을 추가한 산출내역을 따로 잡는 것이 좋아요. 그러지 않으면 행정

학부모회 운영 예산 요구서

1. 사업 목적
학부모가 교육공동체의 일원으로 교육 활동에 참여하여 학교교육 발전에 이바지함.

2. 사업 개요
가. 사업 근거: 경기도교육청 학교 학부모회 설치·운영에 관한 조례

○○ 학부모회 규정

나. 사업 내용

(단위: 원)

세부 사업명	활동 내용	소요 예산	예산현액
학부모 교육	학부모교육 7회 (성교육 등)	강사수당: (130,000원+60,000원)×4회 원고료: 5,000원×9면×2시간×4회 간식: 2,000원×30명×7회 행사용품: 5,000원×30명×1회	1,690,000원
학교교육 모니터링	대의원회(3회)	간식: 1,000원×30명×3회	190,000원
	정담회	간식: 1,000원×10명×10회	
학교교육 활동·지원	가족 산행	행사용품: 500원×200개×1회	620,000원
	운동회 부스 운영	행사용품: 6,000원×50개×1회	
	북텐트 및 마음약방	행사용품: 1,000원×100개×1회 간식: 1,000원×30명×2회	
	낭독 방송	간식: 1,000원×30명×2회	
총 소요금액			2,500,000원

다. 산출 내역

사업 항목	원가통계 비목	산출기초		예산현액
		산출 내역	산출식	
학부모교육	업무추진비	간식비	2,000원×30명×7회	420,000원
	일반수용비	행사용품비	5,000원×30명×1회	150,000원
	운영수당	원고료	5,000원×9면×2시간×4회	1,120,000원
	운영수당	강사료	(130,000원+60,000원)×4회	
학부모회 운영	업무추진비	간식비	1,000원×62명×5회	810,000원
	일반수용비	행사용품비	5,000원×100개×1회	

실에서 '알아서' 비목을 잡기 쉬운데, 그렇게 되면 원래 의도와는 달리 설정되는 일이 생기거든요.

학부모회 예산은 학교 상황에 따라 달라요. 1년 동안 열심히 활동하시면서 예산이 조금 더 필요하다 싶으면 올해보다 올려 잡으면 되고, 그 정도로 충분하다 싶으면 같은 금액을 잡으면 됩니다. 만약 예산을 늘리고 싶다면 학교 측과 미리 논의하는 것이 필요합니다. 그럴 경우 좀 더 구체적인 활동 보고와 내년도 계획을 제시한다면 설득하기가 더 쉬울 거예요.

코로나19 사태 이후에는 비대면 대의원회를 하는 학부모회가 늘어났어요. 줌Zoom이나 팀즈Teams 같은 프로그램을 이용해 화상회의를 하는 거예요. 처음에는 좀 어색하지만 하다 보면 익숙해지죠. 그래도 참여하는 사람이 많아지면 제대로 논의를 하기 힘든 경우가 생기니, 온라인 대의원회는 준비를 좀 더 철저히 하는 것이 좋아요.

우선 회의 자료를 파일로 정리해놓으면 원활한 진행에 도움이 됩니다. 온라인 회의 진행이 처음이라면 학부모회 임원들을 대상으로 리허설을 해보는 것도 좋지요. 굳이 큰 모니터가 필요하지는 않지만 휴대전화보다는 데스크톱이나 노트

북을 이용하는 것이 편리하답니다. 물론 진행자가 아니라면 휴대전화로도 충분해요. 온라인 대의원회 공고와 진행 방식도 오프라인과 동일합니다. 이때도 참관을 원하는 학부모들이 들어올 수 있도록 온라인 회의실을 개방하면 좋겠죠.

대의원회 핵심 정리!

- 학부모회 발대식은 총회나 대의원회에 포함되는 추세.
- 3월 말, 늦어도 4월 초에 첫 대의원회 열기.
- 학기 말에 한 번씩 더해 1년에 3회가 적당.
- 7일 전까지 안건 및 일시, 장소 공고.
- 대의원 명단과 연락처 확보 후 등록부 작성, 참석 독려!
- 첫 대의원회: 연간 활동계획 및 예산안, 학부모연수 등.
- 1학기 말 대의원회: 1학기 평가, 2학기 계획, 학교교육 모니터링 등.
- 2학기 말 대의원회: 한 해 활동 평가, 내년 활동계획, 예산안 등.
- 대의원회 후 7일 이내에 결과, 회의록 공고.
- 회의 결과 중 필요한 것은 학교나 관련 위원회 전달!
- 비대면 대의원회는 좀 더 철저한 준비 필요.

본격 활동 시작! 학교교육 참여·지원

첫 대의원회 이후 본격적으로 시작되는 학부모회 활동은 크게 세 가지로 나눠볼 수 있습니다. 가장 중요한 학교교육 모니터링과 학부모교육, 그리고 학교교육 활동 참여·지원이죠. 사실 학교교육 활동 참여·지원은 앞의 두 가지를 제외한 모든 학부모회 활동을 아우르는 말이에요. 여기에는 '교실수업 보조교사'부터 '아버지와 함께하는 직업체험'까지 다양한 활동이 포함됩니다. 《학부모회 운영 매뉴얼》에는 이런 내용이 깔끔하게 표로 정리되어 있지요(표 4).

그럼, 먼저 학교교육 활동 참여·지원에 대해 알아보겠습니다. 보통 이것이 가장 먼저 시작되고, 또한 가장 광범위하게 진행되는 학부모회 활동이거든요. 학교교육 활동 참여·지원은 크게 '학교에서 요청하는 활동'과 '학부모회가 주도하는 활동'으로 나누어볼 수 있습니다. 예컨대 교실수업 보조교사나 급식봉사, 과학축제 진행요원 같은 경우가 전자에 해당합니다. 똑같은 자원봉사라도 학부모회에서 주도할 수 있습니다. 아이들의 안전과 생활지도를 위해 학부모회에서 '학부모폴리스'를 만들어 교내외 순찰을 한다면 후자의 경우가 되겠죠. 학교에서 요청하는 활동은 1년 스케줄에 따라

표 4 학부모회 활동

학교교육 모니터링	• 목적: 학교교육 계획 수립 시 의견 제시 등 참여 • 내용: 학교 교육과정, 학생 수업 및 생활지도 등 학교교육에 대한 모니터링 • 방법: 가정통신문, SNS, 학부모 회의, 홈페이지 의견 제안 코너 등을 통해 의견 수렴
학교교육 활동 참여·지원	• 목적: 학교교육이 필요로 하는 다양한 활동에 참여·지원 • 내용 　- 창의적 체험활동 지도(교내외 봉사활동 지도 등) 　- 독서·논술지도, 학부모 명예교사 등 　- 교실수업 보조교사 　- 부모와 함께하는 체험 프로그램 　- 아버지와 함께하는 직업체험 등 진로지도 활동 　- 장애인, 다문화가정 학부모 및 학생 지원 봉사활동 　- 방과후 자녀 돌봄, 학생 상담 자원봉사활동 　- 아버지와 직장인 학부모의 참여를 위한 활동 • 방법: 학교와 충분한 사전 협의를 통해 운영
학부모교육	• 목적: 자녀교육 역량 강화 • 내용: 학교폭력 예방, 밥상머리 교육, 자녀 이해 가족 소통, 인성지도, 부모 역할 훈련, 자녀와 함께하는 체험학습, 게임중독 예방, 자살 예방, 민주시민 교육, 미디어 사용 교육, 진로진학 교육, 성교육, 신입생 학부모 대상 교육 등 • 방법: 학부모교육 운영 절차에 따른 운영

필요 인원과 참여 시기를 미리 고지하는 것이 좋습니다. 그래야 더 많은 학부모가 참여할 수 있는 기회가 생기니까요. 학부모회에서 주도하는 활동이라면 당연히 학교 측과 충분한 사전 협의를 거쳐야 하겠죠.

'등교 맞이'나 '한마음 걷기 대회', '가족 캠프' 등의 행사 또한 학부모회 주도 활동에 포함됩니다. 역사와 전통을 자랑하는(!) 학부모회라면 대표 행사 한두 개쯤 있게 마련이에요. 혹은 다른 학교에서 하는 행사가 멋지고 좋아 보여서 비슷한 행사를 기획하기도 합니다. 아무래도 인근 학교끼리 비교가 되니, 더 크고 더 화려하고 더 많은 인원이 참석하는 행사를 경쟁적으로 추진하기도 하지요. 이러다 보니 소수의 학부모회 임원이 행사를 준비하느라 치이면서, 정작 기본적이고 중요한 일을 소홀히 하는 경우까지 생깁니다. 물론 많은 인원이 참여하는 행사는 학부모회 활성화의 좋은 기회가 되지만, 화려한 행사보다 충실한 모니터링이 훨씬 더 중요하다는 사실을 잊지 마세요. 다행히(?) 코로나19 이후에는 큰 행사가 불가능해져서 더 기본적이고 중요한 활동에 집중할 수 있는 여건이 조성된 셈입니다.

학교교육 활동 참여·지원이 단위 학교를 넘어서 지역사회까지 이어진다면 더욱 좋겠습니다. 학생과 학부모가 함께

표 5 자원봉사활동 실적 인증

• 자원봉사자 개인이 1365포털사이트에 가입하고 시군 자원봉사센터에서 실적 인증

1. 자원봉사 인증 절차

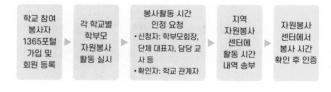

| 학교 참여 봉사자 1365포털 가입 및 회원 등록 | ▶ | 각 학교별 학부모 자원봉사 활동 실시 | ▶ | 봉사활동 시간 인정 요청
• 신청자: 학부모회장, 단체 대표자, 담당 교사 등
• 확인자: 학교 관계자 | ▶ | 지역 자원봉사 센터에 활동 시간 내역 송부 | ▶ | 자원봉사 센터에서 봉사 시간 확인 후 인증 |

2. 자원봉사활동 인증 방법

• **회원 가입**
  ▹ www.1365.go.kr에 접속하여 신청함.
  ▹ 학부모 자원봉사활동을 인정받으려면 먼저 홈페이지에 개인별 가입을 해야 함.

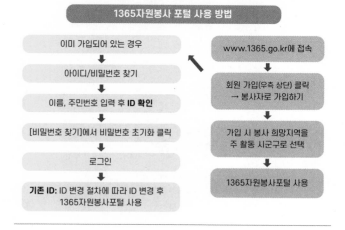

1365자원봉사 포털 사용 방법

이미 가입되어 있는 경우
↓
아이디/비밀번호 찾기
↓
이름, 주민번호 입력 후 **ID 확인**
↓
[비밀번호 찾기]에서 비밀번호 초기화 클릭
↓
로그인
↓
기존 ID: ID 변경 절차에 따라 ID 변경 후 1365자원봉사포털 사용

www.1365.go.kr에 접속
↓
회원 가입(우측 상단) 클릭 → 봉사자로 가입하기
↓
가입 시 봉사 희망지역을 주 활동 시군구로 선택
↓
1365자원봉사포털 사용

하는 봉사단을 꾸려 지역사회 어르신들에게 반찬 나누기를 하는 학교도 있어요. 이런 과정에서 학교와 지역사회가 함께하는 마을 교육공동체가 만들어지는 겁니다. 참, 학교교육 활동 참여·지원은 1365자원봉사포털에서 자원봉사활동 실적 인증을 받을 수 있습니다. 개인이 직접 1365자원봉사포털에 가입한 뒤 학교에서 확인을 해주면 지역 자원봉사센터에서 인증을 하는 시스템이죠. 자세한 방법은 〈표 5〉를 참고하세요.

학교교육 참여·지원 핵심 정리!

- 학교 요청 자원봉사 1년 스케줄 미리 공지.
- 화려한 행사보다 내실 키우기.
- 학교를 넘어서 지역사회 참여로!

우리 학교에 딱 맞는 학부모교육 만들기

다음은 학부모교육입니다. 앞서 학부모교육의 정의와 내용에 대해서 알아보았으니, 여기서는 실제로 교육을 기획하고 진행하는 실무적인 부분을 살펴볼게요. 학교현장에서 학부모교육은 보통 학부모연수라고 부른다고 한 것, 기억하시죠? 학부모연수는 보통 '준비 → 운영 → 평가'의 세 단계로 진행됩니다. 준비 과정은 다시 '수요 조사 → 프로그램 선정 → 운영 계획 수립'으로 나뉘죠.

이 중 가장 중요한 것은 '프로그램 선정을 위한 수요 조사'입니다. 수요 조사를 제대로 해야 우리 학교 사정에 딱 맞는 학부모교육이 이루어지고, 더 많은 학부모가 참여해 실질적인 도움을 받을 수 있으니까요. 그러기 위해서는 수요 조사 설문지를 잘 만들어야 합니다. 질문이 좋아야 제대로 된 답변을 이끌어낼 수 있는 법이거든요.

다행히 《학부모회 운영 매뉴얼》에는 올바른 성교육부터 사춘기 자녀와의 대화법, 게임중독 예방까지 수십 가지 연수 주제가 나와 있습니다. 하지만 설문지에 많은 주제를 제시하는 게 꼭 좋은 건 아니에요. 보기가 너무 많으면 오히려 고르기 어려운 법이죠. 그러니 임원과 학년 대표 등이 미리 논의해서 몇 가지 관심 주제를 정하는 것이 좋아요. 그런 뒤에 〈샘플 9〉를 참고해서 설문지를 만들어 가정통신문이나 SNS로 보내면 됩니다.

이 샘플에서 '학교급별 주제 변경 활용'이라고 한 건 초등학교, 중학교, 고등학교별로 주제를 달리해 활용하라는 뜻이에요. 학교마다 처한 환경에 따라 주제를 달리해도 좋아요.

수요 조사를 통해 다수가 선호하는 주제가 결정되면 프로그램 선정에 들어갑니다. 그 전에, 혹시 학교에서 따로 계획하고 있는 학부모연수가 있는지 알아보는 게 좋아요. 금연이나 청탁 금지, 학교폭력 같은 주제로 학교에서 학부모연수를 진행하는 경우가 있거든요. 만약 주제가 겹친다면 조정을 해야겠죠.

아무튼 주제가 정해졌다면 그것에 걸맞은 프로그램을 선정해야 합니다. 똑같은 주제라도 얼마든지 다양한 프로그램이 가능하니까요. 예컨대 성교육을 주제로 하더라도 '아버지를 위한 성교육 가이드' '야동 보는 우리 아이, 어떻게 대처할까?' '당당한 우리 딸, 배려하는 우리 아들을 위한 성교육' 등 다양한 프로그램이 있지요.

프로그램 선정은 강사 섭외와 동시에 진행하는 것이 좋

학부모교육 개설 희망 프로그램 조사

학교 발전을 위해 항상 관심을 가지고 참여해주시는 학부모님께 감사드립니다. 학부모님의 희망에 따라 학부모교육 프로그램을 운영하고자 아래와 같이 안내하니, 학부모교육 프로그램에 참여를 희망하시는 학부모님께서는 개설 희망 프로그램을 기입하여 _월 _일(_요일)까지 담임선생님께 제출해주시기 바랍니다.

분야	세부 영역	
자녀 양육	• 자녀와 통하는 대화법	• 청소년기 이해와 자녀 성교육
	• 창의적 문제 해결 놀이	• 나눔과 배려의 봉사활동
학습지도	• 사이버 가정학습 활용법	• 독서와 토론(비경쟁 독서토론 등)
	• 기본 학습태도	• 효과적인 과목별 공부법
	• 교과 학습지도	
생활지도	• 회복적 생활교육/학교폭력 예방	• 인터넷중독 예방
진로지도	• 진로·적성지도에서 부모 역할	• 미래사회의 특징과 직업
	• 자녀의 직업 적성과 성격 유형	• 진로·진학 정보 안내
교육정책	• 20○○ 개정 교육과정 이해	• 교원 능력개발 평가 이해
	• 학부모 학교교육 참여	• 방과후학교 활용

20__년 _월 _일

○○○학부모회장

- -

학부모교육 희망 조사서

_학년 _반 학생: ○○○

학부모: ○○○ (서명)

• 참여 희망 프로그램　　　　(　　　　　　　　　　　　　　　　　　　　)
• 기타 개설 희망 프로그램　(　　　　　　　　　　　　　　　　　　　　)

○○○학부모회장 귀하

※ 교육 프로그램별 세부 영역은 학교 상황에 따라 변경하여 사용할 수 있습니다.

습니다. 보통은 강사마다 독특한 프로그램을 운영하고 있거든요. 인터넷이나 유튜브 등을 통해 강사와 프로그램을 확인하고 섭외를 진행하면 어렵지 않습니다. 학부모지원센터나 평생교육학습관을 통해 주제에 맞는 전문 강사를 소개받을 수도 있지만, 그럴 경우에는 원하는 프로그램을 고르기가 쉽지 않아요.

물론 강사 섭외는 정해진 예산 안에서 이루어져야 합니다. 유명 강사를 모시기 위해 학부모회 예산을 몽땅 쏟아부을 수는 없으니까요. 미리 책정된 예산과 함께 《학부모회 운영 매뉴얼》에 있는 '강사수당 책정 기준'도 참고하세요. 강사를 섭외할 때에는 연수 날짜를 확정하기보다 대충의 기간을 정해서 섭외한 후 구체적인 날짜는 강사 스케줄에 맞추는 것이 편리합니다.

프로그램과 강사까지 정해졌다면 이제 큰 고비는 넘은 셈입니다. 구체적인 운영 계획을 수립한 후 실제로 진행하는 일만 남았죠. 가장 먼저 해야 할 일은 연수 날짜를 확정하는 겁니다. 이는 학교 일정과 강사 스케줄에 맞춰서 정하면 됩니다. 오프라인 연수라면 학교 시설을 활용해야 하니까요. 코로나19 이후에는 비대면 온라인 연수가 많아지면서 날짜 선정이 조금 더 자유로워졌습니다.

연수 날짜까지 정해졌다면 이제 정말 실무만 남았습니다. 연수 준비가 처음이라면 이 또한 부담이 될 수 있지만, 다행히 《학부모회 운영 매뉴얼》에 초보자도 쉽게 따라 할 수 있는 운영 절차가 나와 있답니다(샘플 10). 만약 온라인 연수를 진행한다면 교육 장소 확보와 안내판 및 접수대 준비 대신 '온라인 회의 플랫폼 확보와 시험 운영' '온라인 회의실 개설 및 관련 링크 발송' 등이 들어가겠죠.

〈샘플 10〉을 참고해서 학부모연수를 운영하되, 강사 섭외는 2주 전이 아니라 적어도 한 달 전에는 하는 것이 좋습니다. 앞서 말씀드렸듯이, 프로그램 선정과 동시에 한다면 가능하죠. 대신 강사카드와 원고는 2주 전에 받아도 됩니다. 또한 참가희망서를 발송하면서 학교 홈페이지나 단체 문자 메시지, 반 밴드 등을 이용한 홍보를 해야 합니다. 상품이 좋다고 저절로 팔리는 것이 아니듯, 좋은 연수라고 해서 학부모들이 알아서 신청하는 일은 드물거든요.

더 많은 학부모에게 알리기 위해서는 눈에 띄는 웹자보를 만드는 것이 좋아요. 재능이 있는 학부모가 도와준다면 더욱 좋지요. 온라인이나 SNS 홍보뿐 아니라 입소문과 지인 영업(!)도 필수입니다. 아쉽게도 여전히 학부모교육에 별 관심이 없는 학부모가 대다수거든요. 임원과 대의원을 중

시기	내용	확인
교육 준비 (2주일 전)	• 강사 선정(강사카드, 강사 원고 확인) • 참가희망서(가정통신문, SNS 활용) 발송 • 참가희망서 취합	☐
교육 준비 (1주일 전)	• 원활한 진행을 위한 세부 역할 분담(식순, 사회, 국민의례, 방송 및 프레젠테이션 담당 등) • 안내장 발송 및 SNS 문자서비스 안내 • 참가자 명단 확인 및 교육 자료 준비 • 각종 서류 및 교육 장소 준비	☐
교육 준비 (1일 전)	• SNS 문자서비스 안내 • 안내판 및 접수대(연수 자료, 등록부) 마련 • 프로그램 준비 점검(체크리스트 활용) • 기자재 방송 시설(컴퓨터, 빔프로젝터 등) 점검	☐
교육 당일	• 참가자 등록부 • 교육 자료 배부 및 교육 일정 안내 • 운영 계획에 따라 진행	☐
만족도 조사	• 프로그램 만족도 조사	☐
운영 평가	• 운영 결과 분석 후 차기 학부모교육 계획 수립 시 반영	☐

심으로 입소문을 내고, 아는 학부모와 함께 올 것을 독려하세요. 그래야 훌륭한 강사님과 임원 몇몇이 그룹 과외(?)를 하는 사태를 막을 수 있답니다.

연수가 끝나고 나면 평가의 과정이 기다리고 있습니다. 연수에 참여한 학부모를 대상으로 설문조사를 실시해 만족도를 조사한 뒤, 이 결과를 가지고 같이 연수를 준비한 실무자들끼리 평가를 하면 됩니다. 이때 연수 준비에 도움을 준 학부모회 담당 선생님이 함께한다면 더욱 좋을 거예요. 학부모 만족도 조사 설문지는 〈샘플 11〉을 참고하세요.

여러 가지 '체험연수' 또한 학부모교육에 해당합니다. '비즈공예'나 '장 만들기' 같은 체험연수는 학부모 참여를 높이기 위해서 시도하는 단골(?) 활동이죠. 학부모들이 와서 뭔가 하나를 건져 가는(!) 체험도 좋지만, 그게 교육기부나 지역사회 봉사로 이어진다면 더욱 좋겠지요. 예컨대 공예 연수를 한 후에 학생들과 함께하는 공예교실을 열거나, 장 만들기를 해서 지역사회와 나누는 식으로 말이에요. 코로나19 이후에는 체험연수 또한 온라인으로 진행하는 경우가 많아졌답니다.

체험연수를 할 때 재료비의 일부나 전부를 참가 학부모가

학부모교육 만족도 조사 설문지

교육명	자기 주도 학습법
교육 일자	20__년 _월 _일(_요일)
교육 장소	○○중학교 시청각실

학부모교육 프로그램이 학부모님들의 자녀교육 역량 강화에 조금이라도 도움이 되시길 바랍니다. 아울러 참여와 소통의 교육문화 실현을 위해 교육공동체가 함께하는 학부모교육에게 더 많은 관심을 부탁드립니다.

설문 결과는 차기 학부모교육에 반영하고자 하오니 여러분의 솔직한 의견을 기록해주시기 바랍니다. (해당란에 √ 표시)

교육 일정	㉠ 매우 만족	㉡ 만족	㉢ 보통	㉣ 불만족	㉤ 매우 불만족
교육 장소	㉠ 매우 만족	㉡ 만족	㉢ 보통	㉣ 불만족	㉤ 매우 불만족
교육 시설	㉠ 매우 만족	㉡ 만족	㉢ 보통	㉣ 불만족	㉤ 매우 불만족

교육 프로그램

	㉠ 매우 만족	㉡ 만족	㉢ 보통	㉣ 불만족	㉤ 매우 불만족
○○○	㉠ 매우 만족	㉡ 만족	㉢ 보통	㉣ 불만족	㉤ 매우 불만족
○○○	㉠ 매우 만족	㉡ 만족	㉢ 보통	㉣ 불만족	㉤ 매우 불만족
○○○	㉠ 매우 만족	㉡ 만족	㉢ 보통	㉣ 불만족	㉤ 매우 불만족

듣고 싶은 강좌명 (   )

기타 의견(개선할 점이 있으면 자유롭게 적어주세요.)

부담하는 경우도 있어요. 다만 이런 경우에는 미리 학교운영위원회에 안건을 올려서 심의를 받는 것이 좋아요. 학교교육 활동 중 수익자가 비용을 부담하는 경우 미리 학운위 심의를 받는 것이 원칙이거든요.

학부모교육 핵심 정리!

- 학부모연수: 준비 → 운영 → 평가.
- 연수 준비: 수요 조사 → 프로그램 선정 → 운영 계획 수립.
- 임원 등과 미리 논의해 학교에 맞는 수요 조사 준비.
- 프로그램 선정은 강사 섭외와 동시 진행.
- 온라인, SNS 홍보뿐 아니라 '지인 영업'도 필수!
- 《학부모회 운영 매뉴얼》에 따라 연수 운영.
- 참여 학부모 만족도 조사 + 실무자 평가.
- 체험연수는 교육기부나 지역사회 봉사로 연결.

학부모회 활동의 꽃, 학교교육 모니터링

학교교육 모니터링이란 "학부모가 학부모회를 통하여 학교교육 활동에 대한 의견을 제시하여 학교 운영 등에 반영될 수 있도록 하는 활동"을 가리킵니다(경기도교육청,《학부모회 운영 매뉴얼》). 여기서 눈여겨봐야 할 대목은 '학부모회를 통하여'라는 말이에요. 학부모 개인의 의견을 학교 운영에 반영하는 건 한계가 명백하니, 학부모회가 학부모들의 의견을 모아서 학교교육에 참여해야 한다는 뜻입니다. 달리 말하면, 학부모가 '혹시 내 아이에게 피해가 가면 어떡하나.' 하는 불안 없이 학교에 대한 의견을 편하고 자유롭게 제시할 수 있다는 의미입니다. 학교 입장에서도 학부모의 '개별 민원'이 줄어드는 셈이니 환영할 일입니다. 따라서 학교교육 모니터링은 학부모가 교육의 주체로 학교교육에 참여하기 위한 가장 기본적이고 중요한 활동이라 할 수 있습니다. 사실 이걸 하기 위해 학부모회가 조직된 것이라 해도 과언이 아니에요.

학교교육 모니터링의 가장 큰 목적은 더 좋은 학교를 만들어가는 것입니다. 학교를 감시하거나 간섭하기 위한 게 아니에요. 그러니 학교에 발전적인 의견을 제시하고 서로 소통하는 것이 기본이겠죠. 학교에서도 학교교육 모니터링을 단순히 '학부모 민원'으로 치부하지 말고, 적극적으로 교육과정에 반영해야 합니다. 시혜적인 차원이 아니라 학부모(회)를 교육 주체로 인정하고 원활히 소통해야겠지요.

서론이 좀 길었네요. 이제부터는 학교교육 모니터링의 구체적인 내용에 대해 이야기해볼게요. 학부모회의 학교교육 모니터링은 크게 두 가지로 나눌 수 있어요. '특정 사안에 대한 모니터링'과 '전반적인 학교교육에 대한 모니터링'입니다. 특정 사안이란 학교 급식이나 방과후학교 운영, 현장체험학습 같은 것들을 가리켜요. 보통 이런 것들은 학부모회를 거치지 않고 학교장 명의의 설문조사를 통해 모니터링이 이루어집니다. 급식 모니터링의 경우에는 미리 정한 학부모 모니터 요원이 조리 과정을 확인하고 급식을 직접 먹어본 후 설문지를 작성하죠. 하지만 이런 경우에도 미리 학부모회와 논의해 모니터링 방식을 조정하면 효과가 더욱 좋아요.

또한 학부모회의 필요에 의해 특정 사안에 대한 모니터링을 하는 경우도 있어요. 물론 이때도 학교 측과 미리 논의를 하면 더욱 효과적인 모니터링을 할 수 있답니다. 그래야 모니터링 결과를 학교교육에 반영하기에 좋으니까요. 특정 사

학부모회 의견 제안서

수신 ○○학교장

제목 ○○학교 학부모회 의견 제안

1. 관련: 경기도교육청 학교 학부모회 설치·운영에 관한 조례

2. ○○학교에 아래와 같이 의견을 제안합니다.

• 제안명	
• 제안 이유	(구체적으로 서술식 작성)

• 학교교육 모니터링 결과 - 대상자 __명, 제출자 __명(찬반 투표의 경우 찬성 __% 반대 __%) - 의견 수렴 방식: 설문지 등 기타

붙임: 학부모회 모니터링 의견서 1부. 끝.

20__년 _월 _일

제안자 학부모회장 ○○○ ㉑

학부모회 모니터링 의견서

작성자	
날짜	

분야		의견 제시 및 개선 방안
교육 활동 (교육과정, 수행평가, 체험학습, 교내 대회 등)	제목	
	의견	
학급운영 (생활지도, 학교 시설, 학교 급식, 도서관 운영 등)	제목	
	의견	
학부모회 운영 (대의원회, 학부모연수, 동아리 활동 등)	제목	
	의견	
기타 사항		

표 6 다양한 형태의 학교교육 모니터링 및 학부모 의견 제시 사례

1. 학생, 학부모, 학교가 참여하는 학교발전협의회 운영(○○중학교)

- 연 2회(7월, 12월) 학생, 학부모, 학교 3주체가 함께 참여하는 학교발전협의회를 운영하여 학교교육 활동 모니터링 실시

학교발전협의회 구성	→	의견 수렴	→	학교발전협의회 운영	→	결과 반영
학생, 학부모, 교사가 참여하는 학교발전협의회 구성		학교교육 활동에 대한 설문조사 실시		담당 교사가 의견 수렴 결과 안내 → 질의 응답 및 협의		협의 결과 반영 및 피드백

2. 다양한 형태의 학교교육 모니터링 운영(○○초등학교)

- 다양한 방법을 활용한 모니터링을 통해 학부모와 학교 간 소통 증진

모니터링 종류	시기	내용
교육과정 설문	7월, 11월	교육과정 편성 및 운영에 대한 의견 반영
교육 활동 모니터링	활동 종료 후	교육 활동 전반에 대하여 모니터링
e알리미 모니터링	수시	학교 소식 알림 및 학부모 의견 즉시 반영
급식 모니터링	주 2회	건강한 식단 구성 등 반영
방과후학교 모니터링	분기별 1회	방과후학교 만족도 조사 결과 반영
학부모 간담회	6월	학부모 학교 참여 활동 운영 방안
	9월	2학기 학교교육 활동 및 교육환경 개선
	10월	현안 문제(운동장 공사) 해결 방안 모색
	11월	현장체험학습 평가 및 차기년도 활동 협의

3. 학교 시설사업 설명회 및 토론회 운영(○○중학교)

- 학교 시설 개선을 위한 학생, 학부모, 교사 협의회(SPTA) 구성
- 설명회와 토론회에는 학생(학생회 임원 4명), 학부모(학부모회 임원 8명), 학교운영위원회(학부모위원, 지역위원 6명), 학교(교장, 교감, 행정실장, 수석교사, 부장교사 12명) 참여
- 설명회 및 토론회(3회)에 참여하여 중앙현관 리모델링, 복도 도색 등 학교 시설 개선사업에 대하여 협의하고, 학부모의 의견을 제시

4. 온라인 소통의 장을 통한 모니터링(○○중학교)

- 학교와 협의하여 학교 홈페이지에 '학부모 마당' 메뉴 운영
  - 학부모 건의함, 학부모 자유게시판, 학부모회 소식지 게시
- 소셜네트워크 서비스(SNS) 활용
  - 대의원회, 학급별 학부모회, 기능별 학부모회가 각각 SNS를 운영하여 학부모 의견을 수렴하고, 각종 교육 활동 및 학교 행사 공유
- 온라인(포털사이트) 설문조사 시스템 활용하여 신속 정확한 학부모 설문조사 실시
  - 자유학기제 프로그램 선택 및 만족도 조사
  - 학교자체평가 실시
  - 수련(체험)활동 실시 여부 조사 등

5. 급식 모니터링 결과를 학교운영위원회에 제안(○○고등학교)

- 급식 모니터링단 별도 소통방 운영
  - 급식 모니터링단, 학부모회 임원, 급식소위원회 위원으로 구성
  - 모니터링 후 식재료 검수표, 식재료 사진, 검식 식판 사진, 검식 의견 공유
- 급식소위원회에서 논의
  - 학부모회와 학교운영위원, 교사, 학생으로 구성된 급식소위원회 매월 실시
  - 급식 모니터링단 소통방에서 제기된 건의사항 및 의견 제시
- 학교운영위원회에 안건 제안
  - 급식소위원회 논의사항을 학교운영위원회 안건으로 상정 제안
  - 학교운영위원회의 의결에 따라 급식 운영 방안 개선

6. 학부모회-학교 간담회를 통한 의견 제시(○○초등학교)

- 학부모회와 학교 관계자가 참여하는 간담회를 통하여 학교 운영에 대한 학부모의 의견을 학교에 전달

구분	일정	참석 대상	운영 방법
전체 간담회	연 4회 (분기별 1회)	교장, 교감, 부장교사, 학부모회 임원, 학교운영위원	- 대의원회에서 학교교육 활동 전반에 대하여 학부모 의견을 수렴하여 간담회에서 의견 제시 - 제시된 의견의 진행 상황 및 결과는 차기 간담회에서 학부모에게 피드백 - 학부모회에서 간담회 결과를 학교 홈페이지, SNS를 통하여 공지
학년별 간담회	연 2회 (6월, 11월)	해당 학년 교사 전체, 학년별 학부모회 대표 및 학부모	- 학년별 학부모회에서 3~4차례 회의를 실시하여 간담회 안건 선정 - 간담회 개최 전 안건을 학교에 송부하고, 간담회에서 처리 방안을 결정 - 학부모회에서 간담회 결과를 학교 홈페이지, SNS를 통하여 공지
학급별 간담회	필요 시	담임교사, 학급 학부모	- 학급 단위의 교육 활동에 대하여 의견 제시 및 협의

안에 대한 모니터링은 특별한 시기를 정해놓지 않고 필요할 때마다 하면 됩니다.

전반적인 학교교육에 대한 모니터링은 이름 그대로 학교 교육 전반에 대한 모니터링입니다. 보통 한 학기에 한 번, 학기 말에 전체 학부모 설문조사를 통해 이루어지죠. 이렇게 학부모 의견을 모은 후 사안별, 학년별로 정리해서 학교 측에 전달하면 좋습니다. 이때 〈샘플 12〉와 〈샘플 13〉을 참고하세요. 이 중 학부모회 모니터링 의견서(샘플 13)의 '분야'는 학교 상황에 따라 바꾸면 됩니다. 다른 것들도 어디까지나 참고용이니, 필요에 따라 얼마든지 바꿀 수 있답니다. 학교 운영위원회를 비롯한 각종 위원회에 제안할 내용이라면 따로 정리해서 전달하면 더욱 좋습니다.

모니터링 결과를 문서로 정리해 학교 측에 전달했다면, 답변도 문서도 받는 것이 좋겠죠. 달랑 문서만 받는 것보다 모니터링 결과와 반영에 대해 충분히 논의한다면 더욱 좋고요. 학교 측의 답변과 한 걸음 깊이 들어간 논의 내용까지 덧붙여 학부모들에게 피드백을 준다면 다음에는 더욱 열심히 학교교육 모니터링에 참여할 겁니다.

그런데 학교교육 모니터링이 모두 이런 과정을 거쳐 이루어지는 건 아닙니다. 사안에 따라, 학교 사정에 따라 다양한 모니터링 방식을 활용할 수 있어요. 반 모임이나 대의원회, 학년별 간담회 등을 통할 수도 있고, 학교 홈페이지와 SNS를 활용하여 상시적인 모니터링을 할 수도 있어요. 이건 다양한 사례를 보면 더 잘 이해될 거예요. 마침 서울특별시교육청이 펴낸 《질의와 사례로 알아보는 알기 쉬운 학부모회》에 적당한 사례들이 나와 있으니 참고하세요(표 6).

학교교육 모니터링 핵심 정리!

- 학교교육 모니터링은 가장 기본적이고 중요한 활동.
- 감시와 간섭 아니라 더 좋은 학교 만들기!
- 학교와 미리 논의하면 더욱 효과적!
- 모니터링 결과는 문서로 학교에 전달, 결과도 문서로 받아 공고.
- 반 모임, 간담회, SNS 등 다양한 모니터링 가능.

학교민주주의를 위하여! 교육공동체 대토론회

'교육공동체 대토론회'는 이름 그대로 학생, 교사, 학부모 등 학교라는 교육공동체를 이루고 있는 주체들이 모두 모여서 여는 토론회입니다. 학교민주주의를 발전시키기 위해 가능하면 학기당 1회가 권장되고, 대부분의 학교는 적어도 1년에 한 번은 대토론회를 열지요. 그러니 교육공동체 대토론회는 '학부모회 활동'이라기보다는 '학부모회가 참여하는 활동'이라고 할 수 있습니다. 그래서인지 《학부모회 운영 매뉴얼》에도 이와 관련된 내용이 없어요.

그럼에도 이걸 굳이 이 책에 포함시킨 이유는, 학부모회 입장에서 교육공동체 대토론회가 매우 중요한 행사이기 때문입니다. '공식적으로' 교육공동체의 일원으로 인정받고, 다른 교육 주체들과 함께 안건을 결정하고 토론을 할 수 있는 자리이니까요. 준비 과정부터 교육 주체들이 함께 머리를 맞대고, 민주적인 토론을 통해 결론을 도출하며, 그 결과를 학교 교육과정에 반영한다면 정말 학교민주주의가 한 단계 발전하는 계기가 될 거예요.

이렇게 취지가 훌륭하지만, 자칫 형식적인 행사가 되기 쉬워요. 교육청에서 하라니까 어쩔 수 없이 하는 행사, 학교에서 일방적으로 주제를 정하고 학생회 간부나 학부모회 임원만 의무적으로 참석하는 행사, 형식적인 이야기만 오가는 행사 말이에요. 간혹 첨예한 주제가 나와서 활발한 토론이 이루어질 때도 서로를 존중하지 않고 언성을 높이다 감정만 상하기도 하죠. 그러면 애써 참석한 학생, 교사, 학부모들도 '이런 걸 시간 아깝게 왜 하나?' '역시 학교민주주의는 아직 멀었어.' 하는 자괴감만 들기 쉬워요. 그런 탓에 '교육공동체 대토론회 무용론'이 나오기도 한답니다. 비교적 잘 진행되는 경우에도 교사 주도로 토론회가 준비되면서 학생과 학부모는 '준비된 밥상에 숟가락을 얹는' 역할에 머무는 경우가 많지요.

그러니 대토론회를 준비할 때부터 학부모회가 적극적으로 참여하는 것이 좋습니다. 안 그래도 바쁜 선생님 일도 덜어드릴 겸 말이에요. 물론 학생들도 학생회 차원에서 적극적으로 참여하면 더욱 좋겠죠. 이렇게 각자 준비한 안건을 가지고 서로 만나서 조정을 통해 최종 토론 주제를 정하면 됩니다. 한 걸음 더 나간다면 대토론회 전에 이 주제를 가지고 학년별 소토론회(간담회)를 진행할 수도 있어요. 그러면 대토론회의 내용도 한층 좋아지고, 참여하는 교육 주체들의 만족도도 더 높아진답니다.

이렇게 대토론회를 잘 마무리했다고 아직 끝이 아니에요. 여기서 합의된 결론을 실행하는 것이 남았죠. 이를 위해 예산이 필요하다면 예·결산소위원회나 학교운영위원회에 전달하고, 학교 교육과정에 반영해야 한다면 학교교육과정위원회에, 학교 규정을 개정해야 한다면 학교규정개정심의위원회에 전해야 합니다. 그런 뒤에 실행 결과를 공유하면 '역시 대토론회를 하길 잘했군!' 하는 생각이 절로 들 거예요. 다음에는 더 활발하고 좋은 행사가 될 거고요. 이런 과정을 거치면서 학교민주주의가 쑥쑥 자라게 되는 겁니다.

교육공동체 대토론회 핵심 정리!

- 학부모회가 준비부터 주도적으로 참여하기.
- 전체 학부모 의견 수렴 노력.
- 의견이 달라도 인정하고 소통하기.
- 학년별 소토론회를 미리 하면 더욱 좋다.
- 합의된 결론을 실행해서 결과 공유하기!

한 해 활동의 마무리 겸 새로운 시작, 학부모회 총회

자, 드디어 학부모회 총회입니다. 우선 인수인계부터 대토론회까지 한 해 동안 열심히 활동한 학부모회 임원 여러분께 정말 수고하셨다는 말씀부터 드리고 싶군요. 하지만 아직 끝이 아닙니다. 가장 중요한 총회가 남아 있으니까요. 학부모회 활동은 시작보다 마무리가 더 중요합니다. 그래야 한 해 동안의 활동을 성과로 남기고, 다음 해에 한 걸음 더 나아간 활동을 할 수 있거든요. 이렇게 중요한 총회를 준비하고 진행하는 과정은 다음과 같습니다.

가장 먼저 해야 할 일은 학부모회 총회준비위원회 구성입니다. 이건 적어도 총회 한 달 전에는 구성하는 게 좋아요. 총회를 제대로 준비하려면 정말 할 일이 많거든요. 《학부모회 운영 매뉴얼》에는 학부모회 임원과 대의원, 회원, 교장, 교감, 담당 교사 등이 협력하여 구성하도록 권고하고 있습니다. 학부모회 임원과 대의원들이 준비를 주도하고 교무부장 선생님과 담당 선생님 등이 도와주신다면 더 바람직하겠죠. 실제로는 선생님들이 주도하고 학부모회 임원들이 도움을 주는 경우가 많지만요.

《학부모회 운영 매뉴얼》에 있는 총회준비위원회 운영 계획 예시(샘플 14)에 구성부터 역할까지 잘 정리되어 있으니, 이걸 보면서 설명을 덧붙이도록 하겠습니다.

우선 총회준비위원회 구성부터 보겠습니다. 학부모회장이 준비위원장을 맡고 학부모회 담당 교사가 간사를 맡도록 되어 있네요. 총회는 학부모회의 행사이니 학부모회장이 준비위원장을 맡는 것이 당연합니다. 그만큼 책임을 가지고 준비해야 하고요. 하지만 총회 준비가 처음이라면 담당 선생님께 많은 도움을 받아야 할 거예요. 꼭 그렇지 않더라도 선생님들과 함께 할 일이 많아요. 총회는 학부모회 행사이지만 학교에서도 새 학년 처음으로 학부모님들과 인사하고 올한 해 학교교육에 대한 설명을 하는 자리이기도 하니까요. 구성표의 '부장교사'는 보통 교무부장 선생님이 맡습니다. 앞서 말씀드린 것처럼, 많은 경우 학부모회 총회 때 학교 교육과정 설명회가 함께 이루어지거든요. 또한 학급별 교육과정 설명회나 선생님들 소개는 어떻게 할지 등 선생님들과 논의할 것들이 적지 않습니다.

다음은 총회준비위원회의 역할입니다. 가장 먼저 해야 할 일은 '1. 학부모회 총회에 대한 학교와 학부모의 의견 수렴'이군요. 학부모회 구성이나 총회 운영에 대한 전반적인 의

20__학년도 학부모회 총회준비위원회 운영 계획

· **목적**
  학부모회 총회 사전 준비를 통해 학부모 학교교육 참여 독려 및 민주적인 총회 운영

· **법적 근거**
  경기도교육청 학교 학부모회 설치·운영에 관한 조례 제12조

· **총회준비위원회 구성**
  1. 운영 기간: 20__년 _월 _일에서 _월 _일까지
  2. 위원 구성: 학부모 __명, 교직원 __명 등 총 __명으로 구성

연번	소속	직책	성명	비고
1	학부모회	학부모회장	○○○	준비위원장
2	학부모회	_학년 학부모	○○○	
3	학부모회	_학년 학부모	○○○	
⋮	⋮	⋮	⋮	
⋮	○○부	부장교사	○○○	간사
⋮	○○부	담당교사	○○○	
합계		__명		

· **총회준비위원회 역할**
  1. 학부모회 총회에 대한 학교와 학부모의 의견 수렴
  2. 총회 일시, 총회 장소, 의결사항, 임원 선출, 총회 진행 순서, 사회자, 총회 배부자료(가
     정통신문 및 학교 설명자료) 등 총회 준비에 관한 전반적인 사항 계획
  3. 학부모회 구성에 관한 사항
  4. 학부모회 총회 운영 계획 수립
  5. 전년도 학부모회 활동 결과 정리
  6. 전년도 학부모회 예산 집행 결과 정리
  7. 학부모회 규정 제·개정(안) 준비
  8. 학부모회 운영에 대한 활동계획(안) 준비
  9. 학부모회 임원선출관리위원회 구성 계획
  10. 개인정보 수집 / 이용·제공 동의에 관한 사항 준비 등
  11. 기타 학부모회 총회에 필요한 사항
  12. 학부모회 총회 결과 공고

견 수렴 등이 여기에 해당합니다. 두 번째는 '2. 총회 일시, 장소, 의결사항, 임원 선출 등 총회 준비에 대한 전반적인 사항을 계획'하는 일입니다. 이런 일들은 《학부모회 운영 매뉴얼》의 총회준비위원회 업무분장표(샘플 15)를 활용하면 빠뜨리지 않고 꼼꼼히 준비할 수 있어요.

다음은 '3. 학부모회 구성'입니다. 이때의 핵심은 학부모들을 대표하는 대의원회를 구성하는 일이죠. 즉 학급 대표와 학년 대표, 각 기능별 학부모회 대표 등을 선출하는 겁니다. 기능별 학부모회를 이루는 학부모단체나 동아리들은 보통 내부적으로 새로운 임원을 선출한 후 총회에서 의결하는 과정을 거칩니다. 간혹 지원자가 없다면 총회에서 즉석으로 지원자를 받기도 하지만요. 학급 대표는 앞서 말씀드린 대로 반으로 가서 담임선생님의 지도하에(?) 뽑는 경우가 대부분이죠. 이 과정에서 담임선생님이나 학부모들이 부담을 느낀다는 것도 설명한 바 있고요. 그런 까닭에 총회 현장에서 학급 대표를 뽑는 것을 제안하기도 했습니다. 여기서는 그렇게 할 수 있는 실질적인 노하우를 알려드리겠습니다. 생전처음 보는 학급 학부모들이 그 자리에서 대표를 뽑는 게 쉬운 일은 아니거든요.

이렇게 하기 위해서는 우선 총회 좌석 배치부터 학급별

총회준비위원회 업무분장표

구분	업무 내용	담당자
총회 준비 총괄	• 총회 준비 　- 총회 일시 및 장소, 절차, 총회 　　순서 등 　- 규정 개정 사항 확인 　- 개인정보 수집·이용/제3자 제공 동의에 　　관한 사항 　- 안건 의결에 관한 회신 방법 확인 • 총회 공고 　- 가정통신문, 학교 소식지, 교내 　　게시판, 학교 홈페이지 등 게시	학부모회장 담당 교사
보고 및 의결 사항 준비	• 전년도 학부모회 활동 결과 보고서 준비 • 전년도 학부모회 회계 결산 보고서 준비 • 학부모회 활동 및 회계 감사 보고서 준비 • 학부모회 규정 개정(안) 준비 • 학부모회 운영 계획(안) 준비	학부모회 임원 감사
총회 장소 준비	• 총회 회원 등록부 • 총회 자료집 준비 • 총회에 필요한 기타 물품(프레젠테이션, 　다과 등) 점검	학부모회 임원 담당 교사
임원 선출 관리	• 학부모회 임원선출관리위원회 운영 　- 학교운영위원회 학부모위원선출관리위원 　　회 겸임 가능	임원선출관리 위원회
총회 결과	• 총회 결과 공고 　- 가정통신문, 학교 소식지, 교내 　　게시판, 학교 홈페이지 등 게시	학부모회장 학교장

로 하는 것이 좋습니다. 같은 학급 학부모들끼리 서로 인사를 나눌 시간도 드리고요. 그리고 다른 순서 중간중간에 학급 대항 OX퀴즈를 진행하면서 분위기를 살짝 띄웁니다. 퀴즈는 학교나 학부모회에 관련된 것으로 하고, 학급 학부모들이 서로 의논해서 O와 X 중 하나를 선택하도록 하는 것이죠. 간단한 선물까지 준비하면 분위기가 조금 더 좋아질 겁니다. 이런 과정을 거친 뒤에 학급 대표를 선출하도록 하면 자연스럽게 누군가를 추천하거나, 누군가 나설 수 있는 분위기가 만들어질 거예요. 고학년 학부모인 경우에는 아는 얼굴들도 많아서 더 자연스럽고요. 물론 이렇게 한다고 해서 모든 학급에서 대표가 쉽게 선출되는 건 아닙니다. 선출이 안 된 반만 따로 선생님의 도움을 받을 수도 있지요. 그래도 담임선생님의 지도하에 뽑는 것보다는 한 걸음 더 나아간 방법임은 분명합니다.

그런데 이것보다 훨씬 더 좋은 학부모회 구성 방법이 있습니다. 가정통신문이나 SNS를 통해 미리 모집하는 겁니다. 학급 대표와 학년 대표, 학부모단체 대표 등을 미리 선출한 뒤 총회에서 의결하는 방식이죠. 여기다 앞서 설명한 각종 (소)위원회 학부모위원들까지 같이 모집한다면 그야말로 금상첨화입니다. 물론 이것이 말처럼 쉬운 일은 아닙니다. 지난할 정도로 계속되는 학부모 의견 수렴과 소통이 선행되어야 가능한 일이죠. 거기다 이런 선출이 가능하도록 학부모회 규정뿐 아니라 학교운영위원회 규정까지 손봐야 하고요. 실제로 시도해본 분이라면 이게 얼마나 어렵고 힘든 일인지 아실 거예요. 그래도 이게 학부모회가 가야 할 바른 방향이고, 또한 이 방향으로 먼저 가고 있는 학교도 있습니다. 이 어려운 일을 훌륭히 해내고 있는 경기도의 한 초등학교 가정통신문(샘플 16)을 첨부합니다. 만약 이런 과정이 대부분의 학교에서 자연스러운 일이 된다면, 학부모회와 학교 민주주의가 한 단계 도약할 것입니다. 이렇게 미리 구성하는 것이 어렵다면, 총회 당일에 지원서를 나눠주고 현장에서 충분히 설명한 뒤에 지원을 유도하는 것도 좋은 방법입니다.

학부모회 구성 준비까지 마쳤다면, 다음은 '5·6. 전년도 학부모회 활동과 예산 집행 결과 정리'입니다. 그 앞에 나와 있는 '4. 학부모회 총회 운영 계획 수립'은 지금 설명하고 있는 전 과정을 포괄하는 일이니까요. 학부모회 활동과 예산 집행 결과 정리는 《학부모회 운영 매뉴얼》의 '학부모회 활동 결과 보고서'(샘플 17)와 '학부모회 감사 결과 보고서'(샘플 18)를 참고해서 작성하면 됩니다. 이 중 '학부모회 자체 평가'에 들어가는 내용은 마지막 대의원회에서 안건으로 올려서 논의한 내용을 넣으면 좋습니다.

다음에는 '7. 학부모회 규정 제·개정(안) 준비'입니다. 제정안은 학부모회를 처음 만들면서 준비하는 것이니, 대부분의 학교에서는 개정안이 되겠죠. 제정안의 경우라면 《학부모회 운영 매뉴얼》에 있는 학부모회 규정 예시안을 바탕으로, 이어지는 내용을 참고해서 수정하면 됩니다.

앞서 말씀드렸듯, 학부모회 규정 개정안은 평소 학부모회 활동을 하면서 수정하거나 추가했으면 하는 내용을 조금씩 체크하면서 미리미리 준비하는 것이 좋습니다. 인수인계를 하면서 규정에 대한 전체적인 설명을 듣고, 이후 여러 가지 활동을 할 때마다 관련 규정을 찾아보는 거예요. 예를 들어 대의원회를 준비하거나 동아리를 새로 만들 때 관련 규정을 찾아보는 식이죠. 만약 이때 관련 규정이 미비하거나 개정이 필요하면 체크해놓았다가 총회 때 개정안을 만들면서 반영하는 겁니다.

이와 더불어 학부모회 규정 중 교육청 조례에 어긋나는 것이 있는가도 살펴보아야 합니다. 학부모회 규정은 학부모회 설치의 근거가 되는 교육청의 학부모회 관련 조례와 상충되어서는 안 되거든요. 예를 들어, 모든 교육청 조례는 학부모회 임원을 회장과 부회장, 감사로 규정하고 있습니다.

○○초등학교 가족통신

교무실: ○○○-○○○○
행정실: ○○○ ○○○○
담당자: ○○○

학부모회 총회 의결사항
2. 소위원회 학부모위원 등 선출

학부모님, 안녕하십니까?
앞서 안내해드린 '학부모회 총회 개최 안내'에 이어지는 학부모회 총회 의결사항인 ○○ 초등학교 각종 위원회 학부모위원 선출과 학부모회 구성에 대한 안내를 드립니다. 아래의 내용을 확인하시고 지원 여부를 표시하시어 _월 _일(_요일) 12시까지 회신해주시기 바랍니다.

- ○○초 각종 위원회 학부모위원 신청서는 _월 _일 배포된 **학부모지원단 통합신청서와는 다른 신청서**입니다. 부서별로 각종 위원회가 있고, 학부모지원단은 학부모회에서 운영합니다.
- 모집 인원을 초과하거나 미달하는 경우, 추후에 학부모회 밴드에서 안내 후 선출하게 됩니다.

안건 2. ○○초 각종 위원회 학부모위원 선출 및 학부모회 구성

1. 제안 목적
각종 위원회의 학부모위원 선출로 학교 운영이 원활히 추진될 수 있도록 하고, 학부모회 산하 위원회와 학급 및 학년 대표, 지원단장을 선출하여 학부모회의 운영이 원활히 추진될 수 있도록 하기 위함.

2. 근거
① ○○초등학교 운영위원회 규정
② ○○초등학교 학부모회 규정

3. 주요 내용
붙임 참조

20__년 _월 _일

○○초등학교 학부모회장

구분	명칭	지원	활용 내용
○○초 각종 위원회	학교자체 평가위원회	☐	• 필요인원: 2명 • 회의 횟수: 2학기 1~2회 • 역할: 10~12월 중 학교평가 계획 및 결과 확인
	학교생활인권규정 개정심의위원회	☐	• 필요인원: 2명 • 회의 횟수: 사안 발생 시 • 역할: 학교 실정에 맞는 학교생활인권규정을 개정하고 심의
	영재교육대상자 선정위원회	☐	• 필요인원: 2명(영재교육 대상자인 3~6학년 학부모를 제외한 1~2학년 학부모 중에서 지원 가능) • 회의 횟수: 3~4회 • 역할: 영재교육 대상자 선정을 위한 심의
	교원능력개발 평가위원회	☐	• 필요인원: 6명 • 회의 횟수: 1학기 1회, 2학기 1~2회 • 역할: 10~12월 중 교원 능력개발 평가 계획 수립 및 결과 확인
	학교급식 소위원회	☐	• 필요인원: 4명 • 회의 횟수: 5회 내외 • 역할: 학교급식 운영 방식, 운영 계획 등 심의(20__년도 활동 내역: 학교 내 공급되는 김치공장 모니터링과 급식실 조리도구 선정 등)
	초등돌봄교실 간식납품업체 선정위원회	☐	• 필요인원: 3명 • 회의 횟수: 3~4회 • 역할: 학교 돌봄교실 간식 및 방학 중 급식 납품업체 선정 (20__년 선정된 2개 업체 방문하여 시식 후 최종 결정)
	방과후소위원회	☐	• 필요인원: 2명 • 회의 횟수: 4~7회 • 역할: 방과후학교 특기적성에 관한 사항 심의 및 개인 위탁 강사 면접 등
	교재교구 선정위원회	☐	• 필요인원: 1명 • 회의 횟수: 학기별 1회 내외 • 역할: 교재교구 구매 시 심의
	도서선정위원회	☐	• 필요인원: 2명 • 회의 횟수: 학기별 1회 이상 • 역할: 학교 도서관 도서 구입 시 도서 선정 협의
학부 모회	학부모회 교육위원회	☐	• 필요인원: 5~8명 • 회의 횟수: 1~2회 • 역할: 학부모연수에 관한 내용 협의
	학년 대표	☐	• 필요인원: 학년별로 1명(총 6명, 학급 대표 아니어도 됨) • 회의 횟수: 4~6회 • 역할: 학년별 현장체험학습 지원 총괄 및 학년별 사안 조정 ※ 학년별 간담회 및 연말의 교육과정 토론회 참석 요망

학부 모회	학급 대표	☐	• 필요인원: 학급별로 1명(총 __학급) • 회의 횟수: 4~6회(반별 모임은 재량) • 역할: 학급의 사안 총괄 ※ 학년별 간담회 및 연말의 교육과정 토론회 참석 요망
	녹색지원단장	☐	• 필요인원: 1명 • 회의 횟수: 4~6회 • 역할: 녹색지원단 총괄 ※ 학년별 간담회 및 연말의 교육과정 토론회 참석 요망
	녹색지원단 부단장	☐	• 필요인원: 1명 • 회의 횟수: 4~6회(지원단 내부 회의 별도) • 역할: 녹색지원단장과 협업 ※ 학년별 간담회 및 연말의 교육과정 토론회 참석 요망
	폴리스 지원단장	☐	• 필요인원: 1명 • 회의 횟수: 4~6회(지원단 내부 회의 별도) • 역할: 폴리스지원단 총괄 ※ 학년별 간담회 및 연말의 교육과정 토론회 참석 요망
	폴리스지원단 부단장	☐	• 필요인원: 1명 • 회의 횟수: 4~6회(지원단 내부 회의 별도) • 역할: 폴리스지원단장과 협업 ※ 학년별 간담회 및 연말의 교육과정 토론회 참석 요망
	독서교육 지원단장	☐	• 필요인원: 1명 • 회의 횟수: 4~6회(지원단 내부 회의 별도) • 역할: 독서교육지원단 총괄 ※ 학년별 간담회 및 연말의 교육과정 토론회 참석 요망
	독서교육지원단 부단장	☐	• 필요인원: 1명 • 회의 횟수: 4~6회(지원단 내부 회의 별도) • 역할: 독서교육지원단장과 협업 ※ 학년별 간담회 및 연말의 교육과정 토론회 참석 요망
	교육활동 모니터단장	☐	• 필요인원: 1명 • 회의 횟수: 4~6회(지원단 내부 회의 별도) • 역할: 교육활동모니터단 총괄(방과후학교 모니터 등) ※ 학년별 간담회 및 연말의 교육과정 토론회 참석 요망
	교육활동모니터단 부단장	☐	• 필요인원: 1명 • 회의 횟수: 4~6회(지원단 내부 회의 별도) • 역할: 교육활동모니터단장과 협업 ※ 학년별 간담회 및 연말의 교육과정 토론회 참석 요망
	급식지원단장	☐	• 필요인원: 1명 • 회의 횟수: 4~6회(지원단 내부 회의 별도) • 역할: 급식지원단 총괄(급식 모니터링 등) ※ 학년별 간담회 및 연말의 교육과정 토론회 참석 요망
	급식지원단 부단장	☐	• 필요인원: 1명 • 회의 횟수: 4~6회(지원단 내부 회의 별도) • 역할: 급식지원단장과 협업 ※ 학년별 간담회 및 연말의 교육과정 토론회 참석 요망

○○학교 학부모회 활동 결과 보고서

활동 연도			
학부모회 임원	직위	성명	휴대전화(Email)
	회장		
	부회장		

작성자 **○○학교 학부모회장** ○○○   ㉑

1. 학부모회 개요
가. 운영 목적
나. 학교 현황
다. 학부모회 구성 현황(조직도)

2. 주요 사업 내용

세부 사업명	활동계획	활동 내용	비고

3. 수입 및 지출 내역

세부 사업명	수입		지출		증감
	세부 내용	금액	세부 내용	금액	
학부모 교육	학부모 교육 운영비	640,000	- 강사수당: (기본 130,000원 +초과 60,000원)+원고료 90,000원×2회=560,000원 - 다과비 40,000원×2회 =80,000원	640,000	
합계			합계		

4. 학부모회 자체 평가

구분	내용	비고
총평		
잘된 점	1. 2. 3.	
개선사항	1. 2. 3.	

○○학교 학부모회 감사 결과 보고서

활동 연도			
학부모회 임원	직위	성명	휴대전화(Email)
	회장		
	부회장		
	감사		
감사 기간			

○○학교 학부모회 감사 ○○○　　㊞

1. 주요 사업 내용

세부 사업명	활동계획	활동 내용	비고

2. 수입 및 지출 내역

세부 사업명	수입		지출		증감
	세부 내용	금액	세부 내용	금액	
학부모 교육	학부모 교육 운영비	640,000	- 강사수당: (기본 130,000원 +초과 60,000원)+원고료 90,000원×2회=560,000원 - 다과비 40,000원×2회 =80,000원	640,000	
	합계		합계		

3. 감사 결과(개선사항 및 우수 사례)

구분	내용	비고
활동 분야	1. 2. 3.	
회계 분야	1. 2. 3.	

4. 종합 의견

필요에 따라서 둘 수 있는 간사(총무)는 임원이 아닙니다. 그러니 학부모회 규정에서 간사도 임원으로 포함시켰다면 개정해야 합니다. 또한 거의 모든 조례에서 학부모회장은 1명으로, 부회장과 감사의 수는 학부모회 규정으로 정하도록 되어 있어요. 만약 학부모회장을 2명 이상으로 한 규정이 있다면 바꿔야 하는 것이죠. 또한 학교 상황에 따라 부회장과 감사는 얼마든지 늘릴 수도 있는 거고요.

임시총회 소집에 대한 조례 규정은 교육청에 따라 두 가지로 나뉩니다. 경기도교육청과 전북교육청 등은 "해당 학교 학부모회 규정으로 정한 회원 수 이상의 요구"가 있을 때, 서울시교육청과 광주시교육청 등은 "전체 회원의 10분의 1 이상의 요구"가 있을 때 임시총회를 열도록 했어요. 자신의 학교가 속한 교육청이 전자라면 학교마다 자체적으로 정하면 되고, 후자라면 조례에 따라 "10분의 1 이상의 요구"로 정해야겠죠. 이때 전자의 경우라도 전체 회원의 ○○분의 ○이나, ○○%, ○○명 이상 하는 식으로 정해놓아야 한다는 점을 주의하세요.

대의원회의 구성 또한 학부모회 규정에 명시해놓아야 합니다. 예컨대 "대의원회는 임원, 학년별 학부모회 대표, 학급별 학부모회 대표, 기능별 학부모회 대표로 구성한다."라는 식으로요. 그래야 대의원회 성원 숫자인 '제적 대의원 과반수'를 정확히 알 수 있으니까요.

이 밖에 조례에서 정해놓은 것은 아니지만, 학부모회 규정으로 명시해놓으면 더 좋은 것들도 있어요. 총회준비위원회와 임원선출관리위원회의 구성 및 역할 등에 대한 사항 같은 것입니다. 이런 것들을 학부모회 규정에 명시해놓지 않으면 총회 준비와 임원 선출 방식이 자칫 모호해질 수도 있거든요. 또한 대의원회의 정기회의 횟수는 되도록 적게 정해놓는 것이 좋습니다. 만약 3회를 연다 하더라도 최초 1회만 정기회의로 하고, 나머지는 임시회의로 여는 것이죠. 그래야 회의 운용이 좀 더 여유로울 거예요.

《학부모회 운영 매뉴얼》의 학부모회 규정 예시안에는 총회준비위원회에 대해 "회장은 총회의 원활한 준비와 진행을 위하여 총회준비위원회를 구성한다."라고 되어 있습니다. 임원선출관리위원회에 대해서는 "학교장은 학부모회 임원 선출 관리를 위한 임원선출관리위원회를 구성하며, 임원선출관리위원회 위원은 학부모회 임원 또는 대의원회의 추천을 받아 학교장이 ○명을 위촉한다."와 함께 "임원 선출 절차는 임원선출관리위원회에서 세부 규칙으로 정한다."라고 되어 있죠. 이 예시안에 따라 학교장이 임원선출관리위원회를 구성할 경우, 학교운영위원회의 학부모위원 선출관리위원회와 통합 운영할 수 있어 편리합니다. 경기도교육청의 《학교운영위원회 업무편람》에 따르면 학운위 학부모위원 선출관리위원회는 학교장의 위촉으로 구성하게 되어 있거든요. 하지만 '학부모회는 학부모 자치조직'이라는 점을 고려하면 학교장의 위촉 대신 대의원회에서 임원선출관리위원회를 구성하는 것이 더 맞아 보입니다. 총회준비위원회 또한 학부모회장이 구성하기보다 대의원회의 의결을 거치는 것이 더 합리적으로 보이고요. 아무튼 이 부분은 논의가 더 필요한 듯합니다. 지금은 학부모회 규정에 총회준비위원회와 임원선출관리위원회의 구성 및 역할에 대한 내용이 들어가야 한다는 점을 기억하세요.

학부모회 임원 입후보자가 임원 정수 이내일 경우 무투표 당선으로 할 것인지, 아니면 찬반 투표를 거칠 것인지도 학부모회 규정에 정해놓아야 합니다. 학년 학부모회 대표를 해당 학년 전체 학부모 회의를 통해 선출할 것인지, 아니면 학급 학부모회 대표 회의를 열어 학급 대표 중 선출할 것인지도 정해놓아야겠죠. 어떤 것으로 정해도 상관은 없으나, 보통은 '무투표 당선'과 '학급 대표 중 선출'이 좀 더 현실적인 방안이기는 합니다. 더불어 투표권에 대한 규정도 필요합니다. '학생 1인당 1표'로 할 것인가, '학생 수에 상관없이 가구당 1표'로 할 것인가를 정해놓는 것이죠. 투표권은 학부모회 규정으로 정하기 나름인데, 학생 수에 따라 투표권을 주는 것보다는 '가구당 1표'로 하는 것이 더 합리적이라고 생각됩니다.

개인정보 수집과 활용에 대한 내용 또한 학부모회 규정에 넣는 것이 좋습니다. "학부모회의 원활한 운영을 위하여 학부모의 동의를 얻어 개인정보를 수집·이용한다."라는 식으로 말이죠. "수집된 개인정보는 학부모회 활동 이외에 사용하거나, 본인의 동의 없이 제3자에게 제공하지 않는다."라는 규정을 덧붙이면 더욱 좋겠죠.

드디어 학부모회 규정 개정안이 마련되었다면, 전체 학부모에게 공고하여 의견을 수렴합니다. 의견 수렴까지 마친 개정안을 총회에 상정해서 가결하면 규정 개정 작업이 완결되는 겁니다(개정 내용에 따라서는 학운위 심의까지 받아야 할 때도 있어요). 일이 많고 과정이 복잡하다고요? 기존의 학부모회 규정이 거의 완벽해 개정할 필요가 없다면 총회 준비가 훨씬 쉽겠죠. 그렇지 않다면, 이번 기회에 규정을 잘 고쳐서 향후의 학부모회 활동이 더욱 잘 이루어지게 할 수 있어요. 이렇게 된다면 힘들지만 보람 있는 일이 될 거예요.

〈샘플 14〉에서 제안하는 총회준비위원회의 마지막 과업은 '10. 개인정보 수집/이용·제공 동의에 관한 사항'입니다. 이것의 앞에 나와 있는 '8. 학부모회 운영에 대한 활동계획(안) 준비'는 새로운 학부모회 임원단에 맡기는 것이 좋다고 앞서 말씀드린 바 있죠. 이어지는 '9. 학부모회 임원선출 관리위원회 구성 계획'은 사실 총회준비위원회에서 관여할 사항이 아니에요. 앞서 살펴본 대로 학교장이 위촉하든 대의원회에서 구성하든 총회준비위원회와는 별 상관이 없으니까요.

그럼 개인정보 관련 사안으로 다시 돌아오겠습니다. 학부모회 회원의 개인정보는 총회 이전에 수집/이용·제공 동의를 받아놓아야 합니다. 그래야 총회 때 새로운 학부모회가 구성됨과 동시에 원활한 활동이 시작될 수 있으니까요. 이를 위해 총회 이전에 가정통신문이나 SNS로 '개인정보 수집/이용·제공 동의'를 받도록 합니다. 동의서 서식은 〈샘플 19〉를 참고하세요.

이렇게 학부모회장 명의의 동의서를 따로 받는 대신 학교장 명의로 나가는 동의서에 학부모회 항목을 포함시키는 것도 괜찮습니다. 학교에서 받는 동의서에는 여러 가지 항목을 체크하도록 되어 있는데, 거기에 '학부모회 활동에 이용'

개인정보 수집·이용/제3자 제공 동의

동의자	자녀	_학년 _반			
	학부모	성명		연락처	휴대전화
		이메일			
수집/이용 목적		학부모 학교교육 참여 활동에 관한 제반 안내사항 및 관련 정보 제공			
제3자 정보 제공		학교, 학부모회 임원, 학년 대표, 회원 간 연락처 제공			
수집 항목		- 자녀(학년, 반) - 학부모(성명, 휴대전화 번호, 이메일)			
보유 및 이용 기간		다음 해 학부모회 정기총회일까지 보유 및 이용 후 폐기			
개인정보 수집·동의 거부권리		동의를 거부할 수 있으며, 동의 거부 시 ○○학교 20__년도 학부모회 운영에 대한 정보 제공이 불가합니다.			

'개인정보보호법 제15조(개인정보의 수집·이용)'에 의거하여 학부모회가 제공받는 상기 정보는 본인의 동의를 얻어야 하는 정보로서 20__년 학부모회의 원활한 운영을 위하여 이에 동의합니다.

□ 동의   □ 비동의

20__년 _월 _일

성명: (서명 또는 ㉑)

○○학교 학부모회장 귀하

이라는 항목을 추가하는 것이죠. 학부모 입장에서는 '개인 정보 수집/이용·제공 동의서'를 이중으로 작성하는 건 번거로운 일이거든요. "이거 지난번에 학교에 냈는데, 왜 또 내야 하지?" 하면서 제출하지 않을 수도 있고요.

자, 총회에 대한 의견 수렴부터 개인정보 수집 동의까지 준비를 마쳤다면, 이제 총회 공고와 홍보, 실제 진행만 남았습니다. 모든 교육청 조례에는 총회 개최 7일 전까지 공고를 해야 한다고 규정하고 있어요. 하지만 더 많은 학부모의 참여를 유도하려면 조금 더 일찍 공고하는 것이 좋습니다. 학교 홈페이지뿐 아니라 가정통신문, SNS, 현수막 등 다양한 방법으로 알려서 가능하면 더 많은 학부모가 올 수 있도록 만들어야겠죠.

드디어 총회 당일입니다. 학부모회장이 단상에 올라 행사를 시작합니다. 《학부모회 운영 매뉴얼》에는 학부모회 총회 진행 순서를 〈샘플 20〉과 같이 예시하고, 순서에 맞는 인사말까지 친절하게 적어놓았어요. 하지만 이건 어디까지나 참고사항일 뿐이에요. 책의 첫머리에서 살펴보았듯이, 학부모회 총회는 여러 가지 모습이 될 수 있거든요. 지금까지 말씀드린 것을 바탕으로 학교 상황에 맞춰 열심히 준비하셨다면, 한 해 동안의 활동을 마무리하고 새로운 시작을 알리는

학부모회 총회

1) 식전 행사 진행
2) 성원 확인 및 개회 선언
3) 국민의례
4) 학교장(원장) 인사
5) 학부모회장 인사
6) 의사록 작성자 선임
7) 총회 안건 확정
8) 안건 심의 의결
   - 제1호 안건: 20__학년도(전년도) 감사 보고의 건
   - 제2호 안건: 20__학년도(전년도) 활동 보고의 건
   - 제3호 안건: 20__학년도(전년도) 예·결산 보고의 건
   - 제4호 안건: 20__학년도(당해년도) 학부모회 규정 개정의 건
   - 제5호 안건: 20__학년도(당해년도) 학부모회 임원(회장, 부회장, 감사) 및 학교운영위원회
     학부모위원 선출의 건
   - 제6호 안건: 20__학년도(당해년도) 활동계획 및 예산(안) 심의의 건
9) 폐회

1. 성원 확인 및 개최 선언

- **학부모회장**: 안녕하세요? 학부모회장 ○○○입니다. 학교교육에 관심을 갖고 참석해 주신 학부모님들께 감사드립니다. 총회 개회에 앞서 성원 확인을 하겠습니다. ○○○ 부회장님께서 성원 확인 해주시기 부탁드립니다.
- **학부모회 부회장**: 학부모회 조례에 따라 본교 학부모 모두가 학부모회의 회원이며, 총회 성립 요건은 회원 10분의 1 이상의 출석입니다. 현재 본교 학부모회 회원 ○○명 중 ○○명의 학부모님이 참석하여 성원이 되었음을 확인합니다.
- **학부모회장**: 총회 성원이 되었으므로 지금부터 20__학년도(당해년도) 학부모회 총회를 시작하겠습니다. 먼저 국민의례가 있겠습니다. (국민의례 진행) 다음은 본교 ○○○교장 선생님의 인사말씀이 있겠습니다.

(이하 생략)

흥겨운 잔치 같은 총회를 만들 수 있을 거예요.

코로나19 이후에는 많은 학교에서 총회 또한 비대면으로 치르게 되었습니다. 학교 홈페이지와 다양한 SNS를 이용해 총회 안건을 전체 학부모에게 공지한 후 온라인 동의서를 미리 받는 겁니다. 활동 보고, 감사 보고뿐 아니라 학부모회 규정 개정이나 임원 선출까지 온라인으로 이루어지는 것이죠. 그런 후에 총회준비위원과 임원선출관리위원, 학부모회 신·구 임원, 담당 교사 등 최소 인원만 참석한 총회를 열어 안건 가결을 선언하고 이 내용을 학부모들에게 공유합니다. 이를 위해 많은 학교에서 학부모회 규정을 개정하기도 했지요.

이전의 총회와 비교하면 아쉬운 점이 많지만, 총회 안건을 모든 학부모가 더 오랜 시간 꼼꼼히 살펴볼 수 있는 기회를 가질 수 있는 건 분명 장점입니다. 변화한 상황에서 더 많은 학부모의 참여와 소통을 위한 노력도 이어지고 있습니다. 경기도의 한 고등학교에서는 비대면 총회를 온라인 라이브로 진행하면서 학부모들의 큰 호응을 끌어냈다고 하네요. "궁하면 변하고, 변하면 통한다[窮則變 變則通]."라는 옛말처럼, 학부모회가 노력한다면 코로나 시대에 걸맞은 새로운 학부모회 활동을 찾아나갈 수 있을 겁니다.

학부모회 총회 핵심 정리!

1. 총회준비위원회
- 적어도 총회 한 달 전에 구성.
- 학부모회가 주도, 학교의 도움 받기.
- 《학부모회 운영 매뉴얼》의 총회준비위원회 업무분장표 활용.

2. 학부모회 구성
- 가능하면 총회 현장에서 학급 대표 선출하기.
- 총회 전에 학급 대표에서 학부모위원까지 미리 모집하면 금상첨화!

3. 전년도 활동, 예산 결과 정리
- 《학부모회 운영 매뉴얼》의 활동, 감사 결과 보고서 샘플 참고.
- '학부모회 자체 평가'는 마지막 대의원회 때 논의한 내용 넣기.

4. 학부모회 규정 제·개정(안) 준비
- 평소 활동 중 규정 체크하며 틈틈이 개정안 준비.
- 교육청 조례에 어긋나는 규정 체크.
- 임시총회 소집 요건, 대의원회 구성, 총회준비위원회 등 명시하기.
- 개인정보 관련 내용 추가하기.
- 개정 순서: 개정안 마련 → 의견 수렴 → 개정안 확정 → 총회 상정 및 가결 → (학운위 심의) → 공고.

5. 개인정보 수집/이용·제공 동의
- 총회 전에 '개인정보 수집/이용·제공 동의서' 받기.
- 학교 동의서에 학부모회 포함도 가능.

6. 공고, 홍보, 진행
- 2주 전 공고 후 다양한 방법으로 홍보하기.
- 학부모회장이 진행.
- 비대면 총회의 경우 알맞은 소통 방법 찾기.

07

학부모 교육참여 한 걸음 더, 각종 위원회

앞서 말씀드린 대로, 학교에는 교사와 학부모, 학생까지 참여하는 다양한 위원회가 있습니다. 학교운영위원회 산하에 있으면 소위원회, 학운위와 별도로 구성되면 위원회라는 이름이 붙는다고도 말씀드렸죠. 소위원회의 경우에는 반드시 학운위 학부모위원이 한 명 이상 참여해야 한다는 것도요. 학교의 위원회는 학교운영위원회부터 급식소위원회, 교권보호위원회, 교복선정위원회까지 수십 개에 달합니다.

이 중 학부모가 참여하는 위원회도 10여 개에 이르죠. 위원회마다 별도의 규정이 있어서 학부모위원의 참여 여부와 숫자 등이 정해져 있어요. 또한 이런 규정들은 학교마다 조금씩 달라요.

이렇게 많은 위원회를 제대로 구성하고 운영하는 건 정말 어려운 일이에요. 부담스럽기는 학교나 학부모들이나 마찬가지고요. 그런 탓에 많은 위원회가 형식적으로 운영되기도 합니다. "어머님, 이번에 학교에서 ○○위원회를 만들어야 하는데 학부모 참여가 꼭 필요해서 연락드렸어요. 회의 딱 한 번만 나오시면 돼요~ 한 번만 도와주세요." 하는 전화가 대표적이죠.

하지만 그거 아세요? 학교의 다양한 위원회들이 제대로 돌아가면 놀라운 일이 벌어진다는 사실을요! 우리 아이들의 급식이 맛있어지고, 교복이 멋있어지며, 방과후학교가 좋아져 학원 보낼 일이 줄어들기도 하죠. 학교에서 다양한 자원봉사를 하는 것도 좋지만, 위원회에 참여해 더 좋은 학교를 만드는 건 더욱 보람 있는 일이에요.

이렇게 다양한 위원회에 학부모들의 자발적 참여를 유도하는 것이야말로 학부모회가 해야 할 중요한 일이랍니다. 그러니, 가능하면 총회 전에 우리 학교의 각종 위원회 중 학부모위원이 참여하는 위원회 명단과 필요한 위원 숫자를 미리 요청하세요. 그러면서, 여기에 참여할 학부모위원을 학부모회에서 추천하겠다고 제안하는 겁니다. 아마도 담당 선생님께서는 매우 고마워하실 거예요. 매번 학부모위원 섭외(?)하기가 힘드셨을 테니까요. 학교의 위원회 규정에 "학부모위원은 학부모회의 추천을 받아 학교운영위원장(혹은 학교장)이 위촉한다."라는 문구까지 넣는다면 더욱 좋겠죠.

그런 뒤에 총회 때 학부모회를 구성하면서 각종 위원회의 학부모위원들까지 모집하면 좋습니다. 앞서 살펴보았듯, 총회 전에 미리 가정통신문을 보내 모집할 수도 있고, 총회 당일 신청서를 나눠주고 참여를 유도할 수도 있어요. 이때 중요한 것은 위원회별로 무슨 일을 어느 정도 해야 하는지 정확히 알리는 겁니다. 그래야 그 분야에 전문성이 있거나 관심이 있는 학부모들이 참여할 수 있으니까요.

그런데 무슨 위원회가 어떤 일을 하는지 잘 모르시겠다고요? 걱정 마세요. 지금부터 상세히 알려드리겠습니다. '학교 위원회의 왕'인 학교운영위원회는 앞서 자세히 살펴보았으니, 여기서는 학운위 산하의 소위원회와 각종 위원회에 관해 알아보도록 할게요.

학교급식소위원회

학교급식소위원회란? 학교운영위원회 산하에 의무적으로 설치해야 하는 두 가지 소위원회 중 하나입니다(다른 하나는 예·결산소위원회죠). 소위원회는 학운위에서 심의하는 주요 사항을 미리 점검한 후 학운위에 보고하는 실무 전문 위원회의 성격을 띕니다. 안전하면서도 아이들 건강에 좋고, 또한 아이들이 좋아하는 급식이 되도록 모니터링하고 개선 방향을 제안하는 일을 합니다.

어떻게 구성할까? 학부모위원과 교원위원, 학생위원 등으로 구성됩니다. 학운위 산하의 소위원회이므로 학운위 학부모위원이 한 명 이상 포함되어야 하고요. 보통 여기에 학교 영양사(영양교사) 선생님이 간사로 참여하지요. 위원 숫자와 비율은 학교마다 사정에 맞게 정할 수 있지만, 학부모위원의 비율이 높은 편입니다. 급식은 학부모의 최대 관심사 중 하나이니, 관심이 있는 분들이 많아요. 꼭 급식이나 음식 관련 전문성이 있지 않더라도 관심을 갖고 열심히 활동한다면 누구나 참여할 수 있답니다.

어떻게 활동할까? 경기도교육청 《학교운영위원회 업무편람》에 나와 있는 학교급식소위원회의 활동은 다음과 같습니다.

1) 식재료 업체 선정, 급식 운영 형태 결정에 앞서 업체 현장의 비교 평가

2) 식재료 검수, 조리 과정·배식 등 학교 급식 모니터링

3) 학교 급식 개선에 관한 활동

4) 기타 학교운영위원회에서 급식소위원회 활동으로 정한 사항

이 중 가장 중요한 것은 급식 모니터링과 업체 선정 참여입니다. 모니터링은 단순히 급식이 괜찮은지 체크하는 것을 넘어서 학생, 학부모, 교직원들의 의견까지 모아서 급식 개선에 대한 방안을 마련하는 데까지 나아가면 더욱 좋지요. 이를 위해 설문조사뿐 아니라 학부모와 학생, 교직원들이 참여하는 모니터링단을 운영하는 것도 좋은 방법이에요.

식재료 업체 등 급식 관련 업체들을 최종 선정하는 것은 학운위이지만, 그 선정은 급식소위원회에서 현장을 방문하여 평가한 자료를 바탕으로 이루어집니다. 그러니 현장 평가를 할 때 '부모의 눈'으로 위생 상태, 맛 등을 꼼꼼히 평가해야 합니다.

한 걸음 더! 인근 학교의 '우수 사례'들을 발굴해서 우리 학교에 적용할 만한 것을 제안하면 급식 만족도를 높일 수 있어요. 교육청 학부모 네트워크를 통해 알아볼 수도 있고, 학

기 초에 각 교육지원청에서 모집하는 지역 급식 모니터링단에 지원하면 해당 지역 학교들을 방문해서 급식 현장을 살펴볼 수 있어요. 영양사(영양교사) 선생님들 또한 지역 네트워크를 만들어서 우수 사례를 공유하지만, 학부모들 입장에서 만족도를 높일 수 있는 사례를 소개하는 것도 의미가 있답니다.

예·결산소위원회

예·결산소위원회란? 학교급식소위원회와 함께 학교운영위원회 산하에 의무적으로 설치해야 하는 소위원회입니다(학생수 100명 미만의 학교에서는 구성하지 않을 수도 있어요). 학운위에서 예산안과 결산안을 심의하기 전에 미리 충분한 시간을 갖고 효율적으로 검토하는 일을 하죠. 다양한 안건들을 한꺼번에 다루는 학운위에서 방대한 예·결산안을 제대로 심의하는 건 여러모로 힘든 일이거든요. 하지만 '별로 하는 일 없이 번거롭기만 하다'는 이유로 예·결산소위원회를 구성만 해놓고 운영하지 않는 학교가 더 많아요. (별로 하는 일이 없다는 건 제대로 활동하지 않는다는 뜻이기도 하죠.) 학운위에서 예·결산안을 소위원회에 위임하지 않기로 결의하면 운영하지 않아도 절차상으로는 문제될 것이 없어요.

그러나 이런 경우에는 학교에서 짜온 예·결산안이 별다른 이견 없이 그대로 통과되기 십상이에요. 혹시 문제가 발견되거나 더 좋은 수정안이 나온다 해도 '시간이 없다'는 이유로 넘어가게 마련이죠. 그러니 예·결산소위원회를 실질적으로 운영하는 건 매우 중요한 일입니다. 그러기 위해서 반드시 회계 전문가가 위원으로 참여할 필요는 없어요. 예·결산소위원회의 목적은 '회계상의 잘못 찾아내기'가 아니라, '학교 구성원들의 요구를 학교 예산에 제대로 반영하기'니까요. 물론 회계상의 잘못이 있어서는 안 되겠죠. 하지만 이건 전문가가 아니라면 찾아내기 힘들뿐더러 요즘은 학교 예산이 투명하게 관리되기 때문에 문제가 되는 일이 드물어요. 대신, 학교 예산이 학교 구성원들의 요구를 제대로 반영하고 있는지 검토하는 건 꼭 필요한 일이랍니다.

어떻게 구성할까? 예·결산소위원회는 학운위 위원과 교직원·학부모·학생 대표, 외부 전문가 등으로 구성합니다. 여기에는 학운위 학부모위원이 반드시 한 명 이상 포함되어야 하지요. '학교 구성원들의 요구를 학교 예산에 제대로 반영한다.'는 목적을 생각한다면 학부모뿐 아니라 학생 대표 또한 반드시 들어가는 것이 좋겠죠.

어떻게 활동할까? 위원 개인의 의견이 아니라 그가 대표하는 학교 구성원 전체의 의견을 수렴해서 반영하는 것이 중요해요. 그러니 예·결산안 심의 전에 지난해 교육과정에 대한 구성원 전체의 의견을 모아야겠죠. 예컨대 학부모 대다수가 '생존 수영'에 대한 만족도가 높고 교육 시간이 늘어나기를 바란다면, 다음 해 그에 대한 예산 증액을 요구하는 겁니다. 물론 학부모나 학생 대다수가 요구한다고 해서 반드시 그대로 되는 건 아니에요. 하지만 교직원뿐 아니라 학생들과 학부모들이 한자리에 모여 자신들의 요구를 기반으로 학교 예산에 대해 논의하는 건 꼭 필요한 일입니다.

예산안 검토는 학교 사업에 대해 살펴보는 일이기도 합니다. 특히 500만 원 이상 지출되는 사업은 개별 사업계획서를 따로 받아보는 것이 좋아요. 그래도 이해가 안 가는 것은 담당자에게 물어봐야 합니다. 예산이 목적에 맞게 집행되는지 꼼꼼히 따져보는 것이죠. 담당자가 어련히 잘 알아서 했을 거라고요? 사람은 누구나 실수를 합니다. 더 많은 사람이 검토하면 더 효율적인 예산 집행이 되기도 하고요. 사업뿐 아니라 교육과정도 마찬가지예요.

결산안 심의는 학교 예산이 효율적으로 집행되었는지 따져보는 일입니다. 이는 향후 예산안을 짜기 위한 바탕이 됩니다. 예를 들어 1년 동안 쓰고 남은 이월금이 많다면 그 이유를 꼼꼼히 따져보고 내년도 예산에 반영하는 식이죠. 교육과정마다 예산이 어떻게 쓰였는지 검토하면 더 좋은 교육과정을 세우는 데 도움을 줄 수도 있답니다.

한 걸음 더! 지자체와 교육지원청의 학교 지원 사업을 신청해보는 건 어떨까요? 이건 꼭 예·결산소위원회에서 해야 하는 일은 아니지만, 아무래도 예산과 관련된 일이니 학교에 제안하기 편할 거예요. 이런 사업은 보통 연말연초에 지자체나 지역 교육지원청 홈페이지에 공고됩니다. 사업 대상 학교로 선정되면 학교 시설 개선부터 교육 프로그램 지원까지 다양한 혜택을 받을 수 있습니다.

방과후학교(소)위원회

방과후학교(소)위원회란? 학교에서는 사교육비 경감과 교육격차 완화, 돌봄서비스 제공 등을 위해 방과후학교를 운영하고 있습니다. 각 학교의 방과후학교 운영 방식과 업체, 강사 등을 선정하는 것이 방과후학교(소)위원회의 역할이죠. 방과후학교는 학부모 경비 부담 사업이기 때문에 학운위의 심의를 받아야 하며, 따라서 방과후학교(소)위원회 또한 학운위 산하의 소위원회로 운영되는 것이 일반적입니다.

어떻게 구성할까? 교감이나 교무부장 등 교원위원과 학부모위원으로 구성되고, 방과후학교 담당 교사가 간사를 맡아 실무를 진행합니다. 방과후학교의 연간 운영 계획을 수립하고 나서 학운위의 심의를 거치는 게 필수이므로 학운위 학부모위원이 참여하면 더 효율적입니다. 실제로 수업을 받는 학생위원까지 참여한다면 더욱 좋을 듯하네요.

어떻게 활동할까? 방과후학교는 학교에서 전체 프로그램을 편성한 후 개인강사를 모집하는 방식과 전문업체를 선정해 프로그램 전체를 위탁하는 방식으로 나뉩니다. 전자의 경우에는 프로그램 편성과 강사 면접 등에 참여하고, 후자라면 업체 선정에 참여하게 되지요. 이 과정에서 학부모위원들은 투명성을 바탕으로 프로그램과 수강료, 학생 관리 계획까지 꼼꼼하게 따져봐야 합니다. 그보다 앞서, 학생과 학부모를 대상으로 방과후학교 운영 프로그램 수요 조사도 면밀하게 이루어져야겠죠. 업체 위탁과 개인강사 모집은 각각 장단점이 있으니, 학교 상황에 맞게 결정하는 것이 좋습니다.

한 걸음 더! 위탁업체에 소속된 강사는 개인강사 모집에 지원할 수 없습니다. 보통 이런 것은 담당 선생님이 미리 체크하긴 하지만, 면접 때 한 번쯤 질문하는 것도 좋습니다. 또한 교재와 재료 구입비 책정이 합리적이고 수업에 잘 활용되고 있는지도 잊지 말고 챙겨봐주세요. 이 프로그램이 과연 우리 학교 아이들에게 필요한 것인지도 잘 따져보셔야 합니다. 올해 교육과정과 연관되는지, 강사와 예산 운영이 가능한 수준인지도 살펴보셔야 하고요. 무엇보다 학부모위원 개인의 필요가 아니라 다수 학부모의 요구를 반영하려고 노력하는 것이 중요하답니다.

현장체험학습활성화(소)위원회

현장체험학습활성화(소)위원회란? 학교에서 이루어지는 체험학습, 수학여행, 수련활동 등이 투명하고 효율적으로 이루어지도록 돕는 위원회입니다. 체험학습 또한 학부모 경비 부담 사업으로, 학운위 심의를 받아야 하기 때문에 소위원회로 운영되는 것이 일반적이죠. 다른 (소)위원회보다 활동 범위가 넓은 것도 특징입니다. 학년마다 체험학습 장소와 방식이 다르니까요. 그래서 해당 학년 학부모와 학생들의 의견을 잘 모으는 것이 더욱 중요합니다.

어떻게 구성할까? 보통 교감과 교무부장, 연구부장, 학년부장 등 교무위원과 학부모위원, 학생위원까지 포괄적으로 구성합니다. 정확한 숫자와 비율은 학교 상황에 따라 규정으로 정하면 되죠. 다만 체험학습과 수학여행 장소는 학생들의 특별한 관심사항이니 학생위원의 참여가 반드시 필요합니다. 하지만 이때도 학생 개인의 의견보다 대다수 학생의 의견을 폭넓게 수렴해야 합니다.

어떻게 활동할까? 체험학습 시기와 장소, 프로그램 등이 적절한 의견 수렴 과정을 거쳐 선정되는지 꼼꼼히 체크해야 합니다. 교과 교육과정과의 연계성이나 이전의 평가 결과도 잘 살펴봐야겠죠. 이렇게 장소가 결정되면 학부모위원이 현장 답사에 참여하는 것이 좋습니다. 교사들과는 또 다른 시선으로 장소를 살펴보는 것이 필요하거든요. 더불어 업체 선정과 비용의 적절성도 잘 따져봐야 합니다.

한 걸음 더! 체험학습은 사전 준비 못지않게 사후 평가가 중요합니다. 이때 사전에 기대한 바와 실제 결과를 비교해보면 좋아요. 기대한 만큼 교육 효과가 있었는지, 아이들이 즐거웠는지 등을 체크하는 것이죠. 이를 바탕으로 개선 방향과 유의사항 등을 정리하면 해가 갈수록 체험학습이 더 좋아질 테니까요.

학교자체평가위원회

학교자체평가위원회란? 한 해 동안 학교에서 이루어진 교육을 자체적으로 평가하는 일을 합니다. 학교 교육공동체 구성원(학생, 학부모, 교직원)들이 함께 참여하여 평가 계획을 수립하고, 그에 따라 평가를 진행한 후, 결과를 나누면서 개선 방안을 모색하죠. 이 모든 과정을 교육공동체 구성원들과 공유하는 것 또한 학교자체평가위원회가 해야 할 일이에요.

어떻게 구성할까? 여러 교육 주체가 모두 참여해야 한다는 점이 중요해요. 학교별로 조금씩 다르지만, 보통 교직원과 학부모, 학생, 외부 전문가 등이 참여합니다. 구체적으로는 학생자치회 회장·부회장, 학부모회 회장·부회장, 교감, 각 부서별 부장교사 등으로 구성하죠.

어떻게 활동할까? 학교자체평가위원회는 다른 어떤 위원회보다 일찍 시작해서 늦게까지 활동합니다. 그만큼 할 일이 많기도 하고, 좀 복잡하기도 해요. 그렇다고 걱정할 필요는 없어요. 경기도교육청의《2022 학교평가 안내서》에 그 내용이 깔끔하게 정리되어 있거든요(샘플 21).

학교평가는 올해의 평가지표를 만들고 계획을 짜는 일부

1. 학교평가 사전 준비(성찰) 1~2월

전년도 학교평가 결과 검토 후, 올해 주요 추진사항과 개선해야 할 사항을 정리하여
학교평가 계획 수립에 필요한 기초 자료 준비

- 전년도 학교평가 및 교육과정 운영 결과 검토
- 학교 교육공동체 의견 수렴 및 올해 주요 추진사항 정리
- 전년도 학교평가 결과를 통해 나온 개선점 반영 방법 논의

2. 학교평가 계획 수립(계획) 2~3월

학교 교육 계획과 연계하여 우리 학교 학교평가 계획 마련

- 학교 비전 및 교육 목표에 따른 평가지표 설정
- 평가지표에 따른 학년별, 교과별, 부서별, 교육 주체별 평가 계획 수립
- 학년별, 교과별, 부서별, 교육 주체별 평가 계획 취합(담당 부서)하여 우리 학교 학
  교평가 계획 작성(학교평가위원회)
- 학교 교육 계획에 반영

3. 학교평가 실행(평가) 수시

우리 학교 교육 계획 및 학교평가 계획에 따라 평가 실행, 실천 과정과 실천 결과에
대한 자료 수집 및 평가

- 개별 교육 활동 종료 후 현장 평가회, 참여자 의견 수렴, 결과 기록으로 이어지는
  수시 평가 실시
- 교육 주체별, 담당 업무별 교육과정 운영 및 운영 결과에 대한 평가 자료 정리 및
  공유(학교 홈페이지 게시)
- 교육 주체별 학교교육 활동 상시 모니터링 및 결과 환류

4. 학교평가 결과 나눔(공유) 수시/학년 말/학기 말

학교 교육공동체와 학교평가 결과 성찰 및 개선점 탐색

- 학년별, 교과별, 부서별, 교육 주체별 평가 결과 자료 작성
- 학년별, 교과별, 부서별, 교육 주체별 평가 결과 자료 취합
- 우리 학교 학교평가 결과 보고서 초안 작성 및 공유
- 교육공동체와 함께하는 학교평가 결과 대토론회 개최
- 토론회 결과를 반영한 학교평가 결과 보고서 작성
- 학교 홈페이지에 평가 결과 공개
- 평가 결과를 다음 해 교육 계획 수립에 반영

터 교사와 학부모, 학생이 머리를 맞대고 함께해야 해요. 작년 학부모회, 학생자치회, 교직원들의 의견 수렴 자료를 바탕으로 올해의 평가 내용을 결정하고 평가 요소별 평가지표를 마련하는 것이지요. 교육청에서 제공한 기본적인 평가지표를 우리 학교 여건과 상황에 맞게 조정하거나 추가해서 사용하면 좋아요. 예를 들어 작년 우리 학교에 학교폭력 관련 사안이 많아서 학교폭력 예방과 안전한 학교에 대한 요구가 높아졌다면, 안전한 학교를 중심에 두고 평가지표를 구성하는 식이로요.

이렇게 평가지표가 완성되면 각 주체별로 안내를 합니다. 예컨대 학부모회는 대의원회를 통해 안내 및 의견 수렴 계획을 세우고, 1년 동안 모니터링한 후 학년 말에 가서 평가지표가 반영된 설문조사를 통해 평가를 실시하면 됩니다. 이런 식으로 각 주체별로 수렴된 평가 결과를 가지고 위원회에서 전반적인 평가와 개선점 등을 정리합니다. 최종 결과물은 학교 홈페이지 등을 통해 학교 구성원들과 공유하면 됩니다.

한 걸음 더! 처음 학부모위원이 되어 학교자체평가위원회에 참석하면 평가지표를 읽고 이해하는 것만으로도 힘들 수 있어요. 그러니 미리 작년 학교평가 결과 보고서와 학교평가 계획 진행 상황을 알아보고 참석하는 것이 좋아요. 그래야 학교 발전을 위해 학부모 입장에서 좀 더 다양한 의견을 제시할 수 있답니다. 또한 전체 학부모에게 학교평가에 대해 알리고, 과정과 결과를 공유하는 것은 학부모회의 중요한 역할이기도 합니다.

학교규정개정심의위원회

학교규정개정심의위원회란? 학교 규정이란 효율적이고 합리적인 교육 활동을 위해 개별 학교의 기본 규칙이나 절차, 업무 내용 등을 정해놓은 것을 말합니다. 여기에는 교육 목표에서 학사 운영까지 학교의 기본 규칙을 정해놓은 '학교 규칙(학칙)'을 비롯해서 학교생활인권규정, 체험학습 운영 규정, 학업성적 관리 규정, 졸업생 포상 규정 등 다양한 규칙과 규정들이 포함됩니다. 학교운영위원회를 비롯한 수십 가지 위원회의 규정과 학생회, 학부모회 규정 또한 학교 규정에 들어가지요.

학교규정개정심의위원회란 학교 규정 가운데 '학교생활/인권'과 관련된 부분을 개정·심의하는 위원회입니다. 원칙적으로는 학칙과 각종 규정 중 학교생활이나 학생인권과 관련

된 부분이 있다면 모두 해당되지만, 현실적으로는 딱 하나, 학교생활인권규정을 개정하는 일을 하게 됩니다(그러니 좀 길긴 하지만 '학교생활인권규정개정심의위원회'라는 이름이 더 어울려 보이네요). 학교생활인권규정은 학생자치회 활동부터 포상, 징계, 두발과 복장 규제 등 학생의 학교생활에 관한 모든 규칙을 담은 규정입니다. 이 학교생활인권규정이 상위 규정인 교육청의 학생인권 조례에 부합하는지 따져보고, 학생 등 학교 구성원의 의견을 수렴해 개정하는 것이 학교규정개정위원회가 하는 일입니다. 물론 개정의 기준은 '학생 생활의 편리를 도모하고 인권을 지키는 것'이 되어야겠죠.

어떻게 구성할까? 위원장을 포함하여 12명 이내로 합니다. 교원위원, 학부모위원, 학생위원으로 구성하되 반드시 학생위원의 수가 3분의 1 이상 포함되어야 합니다. 학생의 학교생활/인권을 다루는 위원회이니 다른 곳에 비해 학생위원의 비중이 큰 것이 당연하겠죠.

어떻게 활동할까? 학교생활인권규정 개정 절차는 보통 '개정안 발의 → 민주적 의견 수렴 → 학교규정개정심의위원회 심의 → 입안 예고 → 학교운영위원회 심의 → 공포 및 보고'의 순으로 이루어집니다. 이 중 학교규정개정심의위원회의 역할은 마련된 개정안을 심의하여 학운위에 보고하는 것이죠. 그런데 규정안 발의는 학생회와 교직원회, 학부모회뿐 아니라 학교규정개정심의위원회에서도 할 수 있으니, 실질적으로는 학교규정개정심의위원회가 개정안 발의부터 학운위 상정까지의 역할을 하게 됩니다. 개정안에 대한 민주적 의견 수렴 또한 학교규정개정심의위원회에서 주관하고요. 이를 위해서 교육 주체별 설문조사와 함께 학생과 교원, 학부모들까지 참여하는 토론회를 여는 것도 좋습니다. 이 과정에서 학생의 의견이 가장 존중되어야 함은 물론입니다. 학운위 심의 때도 학생 대표가 참석하여 의견을 개진할 수 있습니다.

한 걸음 더! 개정안의 쟁점이 되는 규정뿐 아니라 그 밖의 학교생활인권규정들도 꼼꼼히 살펴볼 필요가 있습니다. 예전에 정했던 낡은 규정들이 무관심 속에 남아 있는 경우가 적지 않거든요. 또한 학교생활인권규정에는 이 규정의 개정 절차도 꼼꼼하게 정해놓아야 한답니다.

교원능력개발평가관리위원회

교원능력개발평가관리위원회란? 교육계의 '뜨거운 감자'인 교원 능력개발 평가(교원평가)에 대한 단위 학교 운영 계획을 수립하는 일을 합니다. 여기에는 평가 대상자 및 평가 참여자, 평가 내용과 방법, 시기 등을 정하는 일이 포함됩니다.

교원 능력개발 평가란 이름처럼 교사의 교육 활동 전반을 진단하고 그 결과에 따른 능력개발을 지원하는 일입니다. 취지야 나무랄 데 없지만, 누군가를 평가하거나 누군가에게 평가받는다는 건 언제나 쉽지 않은 일입니다. 평가자와 피평가자, 그리고 이 둘과 연관된 이들을 모두 만족시키는 제도를 만들기란 거의 불가능한 일이에요. 하지만 교육에서 '평가'를 비껴 갈 수는 없습니다. 학생뿐 아니라 교사, 교장이라도 말이죠. 그러니 관련자가 두루 참여해 머리를 맞대고 합리적인 평가 기준과 방법을 만들기 위해 노력해야 합니다. 그 중심에 교원능력개발평가관리위원회가 있는 겁니다.

어떻게 구성할까? 학교별로 조금씩 다르지만 보통 10인 내외로 구성됩니다. 교감을 포함한 교원위원과 학부모위원, 외부위원 등으로 구성하되, 전체 위원 중 교원이 아닌 위원의 비율이 50퍼센트를 넘어야 합니다.

어떻게 활동할까? 우선 평가 대상자를 정하는 일부터 해야합니다. 학교 소속 교사 중 평가 필수 대상과 선택 대상, 평가 제외자를 구체적으로 정합니다. 이때는 주로 퇴직이나 휴직, 군입대를 앞둔 교사나 단기 기간제 교사들이 협의 대상이 됩니다.

평가 대상자를 정한 뒤에는 교육청에서 나온 기본 평가지표를 바탕으로 각 대상별로 평가 문항, 평가 방법, 평가 시기에 관한 의견을 조율합니다. 우리 학교 상황에 맞게, 좀 더 객관적이고 공정하게 만들어야겠죠. 이런 것이 확정되면 더 많은 평가 주체가 참여할 수 있는 방법을 고안하고 지속적으로 홍보해야 합니다. 예컨대 학생의 경우, 점심시간을 이용해 반별로 컴퓨터실을 이용해서 평가를 하게 할 수 있지요. 학부모들에게 일정 시간 학교 컴퓨터실을 개방할 수도 있고요.

한 걸음 더! 교원평가 과정에서 교육 주체들 간의 신뢰와 존중은 필수입니다. 그래야 불필요한 오해를 줄이고, 제대로 된 평가와 능력개발을 이룰 수 있으니까요. 대표적인 오해는 "어떤 학부모가 어떤 평가를 했는지 해당 교사들이 다 안다."는 것이죠. 그 결과 우리 아이에게 안 좋은 영향을 줄 수도 있다고 걱정하는데, 그럴 필요가 없습니다. 학부모 평가의 참여자는 비공개이며 평가 대상 교사에게는 전체 결과로만 피드백되거든요.

그렇다고 해서 기분 내키는 대로 평가해도 되는 건 아닙니다. 평가자는 공정하고 적극적으로 평가에 임해야 해요.

그래야 교사들이 평가 결과를 수긍하고, 수업 또한 긍정적인 방향으로 변화할 수 있을 테니까요. 학부모라면 학교 공개수업에 참여하고, 평소 아이와 많은 대화를 하면서 학교 수업에 대한 모니터링을 지속적으로 해야겠죠. 물론 내 아이의 이야기만 듣고 모든 걸 판단해서는 안 됩니다. 반 모임이나 학년 간담회에 참여해 다른 학부모나 교사들의 이야기도 들어봐야죠. 코로나19 이후 온라인 수업이 일상화되면서 자연스럽게 수업을 살펴볼 수 있게 된 것도 평가에 도움이 됩니다.

학교교권보호위원회

학교교권보호위원회란? 최근 학생의 인권은 점점 강조되는 반면, 교사의 교권은 침해당하는 일이 늘어나고 있습니다. 학교교권보호위원회는 학생과 학부모 등에 의해 교권 침해가 생겼을 때 이를 심의하고 조정하는 기구입니다. 교원의 교육 활동을 보호함으로써 학생의 학습권을 보장하는 역할을 하는 것이죠. 교권 침해에 대한 기준을 마련하고, 예방 대책을 수립하며, 교권 침해 학생에 대한 선도 조치를 하고, 교원의 교육 활동과 관련된 분쟁을 조정하는 일도 합니다.

어떻게 구성할까? 해당 학교 교원과 학부모, 지역인사 등 5명 이상 10명 이하로 구성합니다. 이때 교원위원과 학부모위원, 지역위원이 어느 한쪽으로 편중되지 않고 고르게 선출되도록 해야 합니다. 지역위원은 경찰이나 변호사처럼 관련 법 지식이 있는 분이면 더욱 좋겠죠.

어떻게 활동할까? 학생과 학부모 중 누구에 의해 교권 침해가 발생했는가에 따라 두 가지 처리 절차를 거칩니다. 학생에 의한 것일 경우, 신고가 이루어지면 학교교권보호위원회에서 사안을 조사해서 교권 침해 여부를 판단한 후 학교장에게 보고합니다. 이때 교권 침해로 판단되면 해당 학생에게 선도 조치를 내리게 됩니다. 학부모에 의해 벌어졌을 경우, 신고가 이루어지면 학교교권보호위원회에서 피해 교원과 교권 침해 학부모의 진술을 들어보고 조정을 하게 됩니다. 이때 조정이 원만히 이루어지지 않으면 해당 교육청 교권보호위원회에 심의를 요청할 수 있지요. 또한 사안이 심각하다면 해당 교육청 교육법률 지원 담당의 도움을 받아 고소·고발 등 소송 지원을 할 수도 있습니다.

한 걸음 더! 현실적으로 교권 침해 사례가 생겨도 교사들은 신고를 망설입니다. 특히 학생에 의해서 벌어진다면 더욱 그렇습니다. 교사의 입장에서 학생과 함께 피해자와 가해자

의 처지로 조사를 받는 것은 부담스러운 일이고, 학생이 선
도 조치를 받는 것도 마음 편한 일이 될 수 없기 때문이죠.
때문에 학부모위원은 가장 중립적인 입장에서 상황을 살펴
보되, 교사의 이런 입장까지 헤아릴 줄 알아야 합니다. 또한
학교교권보호위원회의 목적은 학생의 징계가 아니라 선도
라는 점을 기억하세요. 처벌에 중점을 두기보다는 교육적인
목적에 부합되는 조치를 내리는 것이 좋습니다.

학교도서관운영위원회

학교도서관운영위원회란? 학생, 교사, 학부모의 요구와 특성을
반영해 도서와 자료를 구입하고 학교 도서관의 운영과 활동
을 심의·조정하는 위원회입니다. 학교도서관진흥법 개정에
따라 이전의 도서선정위원회가 학교도서관운영위원회로 확
대·개편되는 추세입니다. 학교 실정상 별도의 학교도서관운
영위원회를 두기 힘든 경우에는 학교운영위원회에서 관련
심의를 하기도 합니다.

어떻게 구성할까? 보통 교사위원과 학부모위원으로 구성되
며 사서교사가 간사를 맡습니다. 여기에 학생위원이 참여
한다면 더욱 좋겠죠. 학교에 따라 인원 수와 구성 비율이 조

금씩 다릅니다.

어떻게 활동할까? 가장 중요한 활동인 도서관 자료 구입 절차는 다음과 같습니다.

1) 학생과 교사, 학부모로부터 희망도서 및 자료 신청 받기
2) 희망도서 목록을 바탕으로 심의 과정을 거쳐 구입 자료 목록 정하기
3) 구입 예정 자료 목록을 작성하여 학교 홈페이지 등에 일주일 이상 안내하기
4) 구입 자료 목록을 확정하고 절차에 따라 구입하기

구입 자료 이외에도 학교 도서관 운영 계획과 행사, 활동에 대한 사항도 학교도서관운영위원회의 심의를 거치게 됩니다.

한 걸음 더! 심의 과정에서 희망도서 목록을 꼼꼼하게 살펴보면서 혹시 학교 도서관에 부적절한 도서나 자료들이 포함되어 있지는 않은지 확인해야 합니다. 또한 학교 교육과정에 연계된 교과 관련 도서와 어린이와 청소년의 발달단계에 따른 적합한 도서를 추천하고, 다양한 관점의 좋은 책들이 구비될 수 있도록 최선을 다합니다. 도서관 운영이나 행사, 활동 등을 심의하면서 학부모들의 의견을 수렴해 반영하면 더욱 좋습니다.

물품선정위원회

물품선정위원회란? 이름 그대로 학교 물품 선정을 위해 구성
하는 위원회입니다. 선정 과정에서의 부정을 없애고, 더 좋
은 물건을 더 저렴하게 구입하는 일을 하죠. 주로 단일품목
1,000만 원 이상의 물품을 구입할 때 구성하는데, 거의 모든
학생이 구입하는 교복이나 졸업앨범 담당 업체를 정할 때는
별도의 위원회를 구성하기도 합니다. 반면, 이전의 교재교구
선정위원회는 대부분 물품선정위원회에 통합해 운영합니다.

어떻게 구성할까? 교장을 제외한 교사, 학부모, 학생으로 구
성합니다. 실무자인 행정실장은 반드시 포함되어야 합니다.
구성 비율이 정해져 있지 않아 일부 학교에서는 교사만으로
구성되기도 하지만, 당연히 학부모와 학생까지 포함되는 것
이 훨씬 더 좋습니다.

많은 학교에서 행정실장이나 담당 선생님이 알음알음으
로(!) 학부모나 학생을 포함시켜 구성하지만, 제대로 작동
하려면 학기 초 학교운영위원회를 통해 구성하는 것이 효
율적입니다. 학기 초 첫 회의 때 행정실장으로부터 1년치
1,000만 원 이상 구입 예정 물품 목록을 받은 후, 필요한 위
원회 인원을 학부모회와 학생자치회에서 추천하는 거예요.

학교운영위원회와 학부모회의 원활한 소통이 다시 한 번 필요한 대목이지요.

학교운영위원회를 통한 구성이 어렵다면, 학부모회장이 행정실장과 담당 선생님께 미리 말씀드려 물품선정위원회 학부모위원 선정 시 반드시 학부모회의 추천을 받도록 해야 합니다. 물품선정위원회 학부모위원 선정은 학교 측에서도 쉽지 않은 일이니, 학부모회가 나서서 추천하겠다고 하면 오히려 좋아할 거예요.

어떻게 활동할까? 물품선정위원회 활동의 핵심은 비리를 잡아내는 것이 아니라 제대로 된 물건을 적절한 가격에 구입하는 겁니다. 학교에서 구입하는 다양한 물품을 행정실장이나 교사 한두 명이 제대로 알고 구입하는 건 힘드니까요. 가능하면 해당 분야 관련 인원이 포함되는 것이 좋지만(방송 기자재를 구입할 때는 관련 업종 종사자가 참여하는 것처럼요), 해당 분야 전문가로부터 선정 노하우 몇 가지만 조언을 들어도 큰 도움이 됩니다.

학부모회 추천을 통해 물품선정위원회가 구성되면 먼저 선정 기준을 정해야 합니다. 그래야 '딱 한 번 회의에 참석해 학교가 미리 정해놓은 기준에 따라 손만 들고 오는 일'을 피할 수 있으니까요. 선정 기준은 함께 정하는 것이 좋지만,

행정실장이나 담당 선생님이 정한 기준을 같이 논의하는 것도 괜찮습니다. 필요하다면 비슷한 물품을 먼저 구입한 다른 학교에 실사를 나가는 것도 큰 도움이 됩니다. 이렇게 기준을 정하고 업체를 공모한 후, 프레젠테이션을 통해 물품을 선정하면 됩니다.

한 걸음 더! 물품 구입을 학교 예산으로 하느냐, 아니면 별도로 내려온 목적사업비로 하느냐에 따라 선정 방법이 달라질 수 있습니다. 학교 예산이라면 되도록 저렴하게 구입해 비용을 아끼는 것이 좋지만, 남으면 반납해야 하는 목적사업비라면 더 좋은 물품을 구입하는 것이 좋겠죠. 품목이 정해진 목적사업비라 하더라도 비슷한 품목을 더 확보하는 데 활용하는 건 가능합니다. 예컨대 컴퓨터를 사면서 프린터를 추가하고, 천장 선풍기를 사면서 스탠드형 선풍기를 추가하는 식으로요. 그렇다고 프린터와 스탠드형 선풍기를 돈 주고 구입하는 건 안 됩니다. 대신 "컴퓨터 20대 구입 시 프린터 2대 무상 제공" "천장 선풍기 50대 구입 시 스탠드형 선풍기 5대 무상 제공" 같은 입찰 조건을 거는 건 가능합니다. 이런 조건 없이 입찰을 진행한 뒤에 프린터 등을 요구하는 건 안 되니 주의하세요.

앨범제작추진위원회

앨범제작추진위원회란? 아이들의 추억이 담긴 졸업앨범을 합리적인 가격과 좋은 퀄리티로 제작할 업체를 선정하는 위원회입니다. 입찰에 참여한 앨범 제작업체들의 견적과 사양을 비교, 평가하여 최종 제작업체를 선정한 후 학교운영위원회의 심의를 받습니다. 사실 몇 년 전까지만 해도 졸업앨범은 몇몇 업체의 독과점 시장이었어요. 이를 개선하고자 무작위 입찰 방식이 도입되었는데, 독과점은 개선할 수 있었지만 준비 안 된 업체들이 대거 뛰어들면서 품질이 떨어지는 현상이 벌어졌습니다. 그래서 학교마다 앨범제작추진위원회를 만들어 교육 주체들의 요구에 따라 객관적이고 공정하게 업체 선정을 하게 되었답니다.

어떻게 구성할까? 학교마다 조금씩 차이가 있지만 보통 교감과 졸업 학년의 학년부장, 행정실장, 졸업 학년 학부모와 학생 대표들이 참여합니다. 학운위 심의를 받아야 하니 학운위 학부모위원이 참여하면 더 좋겠죠. 학운위 산하의 소위원회로 구성하면 운영이 더 편리합니다.

어떻게 활동할까? 졸업앨범 업체 선정과 계약은 학년 초에 이루어지는 것이 좋습니다. 그래야 사계절 다양한 학교 행사를 앨범에 담을 수 있으니까요. 이렇게 하기 위해서는 먼저 졸업앨범 구매 기본계획을 수립하고, 졸업 학년 학부모의 구입 희망 비율을 조사합니다. 그 결과 구입 희망 학부모의 수가 학교에서 정한 일정 비율을 넘으면 졸업앨범 구매 계획안을 학운위에 제출해 심의를 받은 후 업체 선정에 들어갑니다.

업체 입찰 심사를 할 때는 자세한 제작사양을 받아보는 것이 좋습니다. 그래야 서로 비교하기 편하거든요. 보통 업체에서 실물 샘플을 갖고 들어오니 비교가 어렵지 않을 거예요. 선정 기준도 세분화해서 정해두어야 합니다. 그래야 평가하기 쉬우니까요. 학부모들의 요구사항을 미리 조사하여 심사 과정에 반영하면 더욱 좋겠죠.

한 걸음 더! 이미 졸업한 학부모와 학생의 의견을 들어보는 것도 업체 선정에 도움이 됩니다. 특정 업체에 대한 평가를 들어볼 수도 있고, 제작사양에 대한 의견을 받을 수도 있죠. 업체와 계약할 때는 편집 및 교정 횟수와 일정 등 세부적인 사항까지 꼼꼼하게 포함시켜야 실제 제작 과정이 수월해져요.

교복선정위원회

교복선정위원회란? 학교의 교복 선정 과정에 참여하여 정성(품질) 평가를 맡고, 교복 구입 이후에는 학부모 만족도 조사 및 A/S 실적 등 사후관리를 담당하는 위원회입니다. (가격 등의 정량 평가와 실제 구매 계약은 학교에서 하죠.) 과거에는 개별 구입하던 교복을 학교에서 단체 구입하는 '학교 주관 교복 구매 제도'가 생기면서 교복선정위원회도 태어났어요. 이제는 대부분의 지자체가 교복 무상 제공을 도입하면서 교복 선정 과정을 더 철저하게 관리할 필요가 생겼지요. 덕분에 교복선정위원회의 역할도 더욱 중요해졌답니다.

어떻게 구성할까? 교사와 학부모, 학생으로 구성하되, 학교 상황에 따라 구체적인 비율과 숫자를 결정합니다. 다양한 학교 구성원들의 의견이 충분히 반영될 수 있도록 비율을 맞추는 것이 좋겠죠. 교복 업계와 연관이 있는 이해당사자가 참여하지 않도록 위원들에게 확인서를 받아야 합니다. 교복 구입 과정에서 학운위의 심의도 받아야 하니, 학운위 학부모위원이 참여하면 더 효율적으로 운영할 수 있어요.

어떻게 활동할까? 위원회 활동에 앞서 〈표 7〉과 같은 전반적인 교복 구매 추진 절차를 알고 있는 것이 좋습니다.

표 7 **교복 구매 추진 절차**

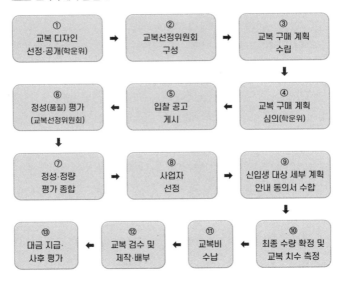

이 중 교복선정위원회가 맡은 역할은 ⑥과 ⑬이지만, 학교에 따라 교복 구매 과정 전반에 참여하기도 합니다. 그래도 가장 핵심적인 역할은 교복 정성 평가에 대한 구체적인 기준 마련과 평가, 사후 학부모 만족도 조사 및 A/S 실적 관리 등이죠. 지난해 불만족 평가를 받았던 것들은 새로 교복 업체를 선정하면서 고쳐질 수 있도록 평가 기준에 반영하거

나, 최종 선정된 업체에 요구하면 더 좋아요.

한 걸음 더! 아이들은 하루가 다르게 크니, 교복이 작아질 경우 수선이나 추가 구매를 할 수 있는지 미리 확인해서 계약서에 반영하는 것이 좋습니다. 재고 문제로 추가 제작을 꺼리는 업체도 있거든요. 또한 교복 업체에서 체육복도 직접 생산하는지 확인해야 합니다. 체육복은 직접 생산할 수 있는 업체(Q마크 인증 업체)가 많지 않아서 별도 판매하는 경우도 많으니까요.

교복선정위원회의 일은 아니지만 교복의 종류별 가격에 대해서도 챙겨두는 것이 좋아요. 교복 업체 선정은 전체 가격을 기준으로 이루어지기 때문에 일부 업체는 보통 한 벌만 필요한 교복 상의는 싸게, 몇 벌을 구입해야 하는 셔츠 등은 비싸게 가격을 책정하는 경우가 있거든요. 이 부분을 업체 심사 과정에서 확인하거나, 정량(가격) 평가를 하는 학교 담당자에게 미리 이야기하는 것이 좋습니다.

학교교육과정위원회

학교교육과정위원회란? 학교에서 지도하는 교과 학습과 생활 영역 모두를 통틀어 '교육과정'이라고 합니다. 단위 학교에서는 정부에서 만든 '국가 교육과정'을 바탕으로 저마다 처한 상황과 특색에 맞춰 '학교 교육과정'을 짜게 되지요. 학교교육과정위원회는 바로 이 학교 교육과정을 편성하고 운영하는 조직이에요. 이와 더불어 학교장이 교육과정 운영에 관한 의사 결정을 할 때 자문 역할도 하죠. 교육과정은 학교 교육의 근간에 해당할 뿐 아니라, 요즘은 학교의 자율성이 늘어나는 추세여서 학교교육과정위원회가 더욱 중요해지고 있답니다.

어떻게 구성할까? 보통 학교장이나 교감이 위원장을 맡고, 학년부장이나 과목별 부장교사들이 위원을 맡습니다. 학교에 따라서는 모든 교사가 위원으로 참여하기도 하죠. 안타깝게도 이렇게 중요한 학교교육과정위원회에 학부모나 학생이 위원으로 참여하는 일은 매우 드물어요. 교육부에서 고시한 〈초·중등학교 교육과정 총론〉에 따르면 "교육과정의 합리적 편성과 효율적 운영을 위해 교원, 교육과정 전문가, 학부모 등이 참여하는 학교교육과정위원회를 구성하여 운영하며, 이 위원회는 학교장의 교육과정 운영 및 의사 결정에 관한 자문의 역할을 담당한다."고 되어 있는데도 말이죠. "교육과정은 전문적인 분야이기 때문에 '비전문가'인 학생과 학부모들이 참여하기 어렵다."는 인식도 학부모 참여를 어렵게 하는 요인입니다.

하지만 아주 전문적인 분야인 의료나 에너지 정책을 만들 때 정치 주체인 시민의 참여가 필수인 것처럼, 학교 교육 과정을 정하고 운영하는 일에 교육 주체인 학생과 학부모가 참여하는 건 당연한 일입니다. 실제로 학부모와 학생들이 학교교육과정위원회에 참여하는 학교는 좋은 성과를 거두고 있어요. 위원으로 참여하는 학부모가 교육 전문가일 필요도 없고요. 학부모 입장에서 학교 교육과정에 대한 의견을 적극적으로 개진하는 것만으로도 더 좋은 교육과정을 만드는 데 큰 도움을 줄 수 있으니까요. 여기에 지역사회 인사들까지 위원으로 참여해서 우리 지역에 맞는 교육과정을 만들 수 있다면 더욱 좋겠죠.

어떻게 활동할까? 학교교육과정위원회는 기획조정분과, 교과분과, 창의적체험활동분과 등 여러 개의 분과로 나뉘어 활동합니다. 학생과 학부모는 보통 평가와 지원을 담당하는 분과에 소속되어 활동하죠. 이때 가능하면 기획 과정부터 적극적으로 참여하는 것이 좋습니다. 그래야 교육과정에 학부모 의견을 제대로 반영할 수 있으니까요. 또한 학교 교육과정은 운영 중에 많은 부분이 바뀔 수 있으니, 내년도 교육과정을 짜는 일뿐 아니라 실제 운영 과정에 참여하는 것도 중요해요.

한 걸음 더! 만약 학교교육과정위원회에 학부모위원 자리가 없다면 학부모회 차원에서 학교에 학부모 참여를 제안해보는 건 어떨까요? 학부모가 어려워할까봐 배려 차원(?)에서 교사들만으로 학교교육과정위원회를 꾸리는 경우도 있으니까요. 이때도 당위성만 앞세우기보다는 실질적인 내용을 서류로 만들어 제안하는 것이 좋습니다. 예를 들어 전체 학부모를 대상으로 교육과정에 대한 설문조사를 진행한 후, 그 결과를 바탕으로 학부모의 학교교육과정위원회 참여를 요청하는 식으로 말이에요. 덕분에 학부모위원으로 참여하게 되었다면 나름 공부도 열심히 해야 해요. 전문가가 될 필요는 없지만 교육과정 전반을 이해하는 건 필수니까요. 이렇게 교육과정에 대한 이해가 깊어지면 혹 학교운영위원이 되어 학교 예산을 심의할 때도 큰 도움이 된답니다.

학교폭력전담기구

학교폭력전담기구란? 학교폭력이 발생하면 신고를 접수하고 관련 학생 상담을 통해 사안을 조사한 후 학교장에게 보고하는 일을 하는 기구입니다. 이후 해당 사안을 학교장 자체 해결로 처리할지, 아니면 교육지원청의 학교폭력대책심의위원회로 넘길지 심의하는 역할도 합니다.

2019년까지는 학교폭력전담기구의 사안 조사 이후 단위 학교 안에 학교폭력대책자치위원회(이하 학폭위)가 열려 사건에 대한 조치를 내렸지만, 2020년부터는 학폭위가 폐지되고 교육지원청마다 학교폭력대책심의위원회가 설치되어 학폭위의 기능을 넘겨받았습니다. 덕분에 학교의 부담이 줄어들고, 경미한 사안에 대한 학교장의 갈등 조정 역할이 커지게 되었죠. 더불어 학교폭력전담기구의 역할도 늘어나게 되었답니다.

어떻게 구성할까? 보통 교감과 전문 상담교사, 보건교사, 학교폭력 담당 교사, 학부모 등으로 구성되는데, 학부모위원의 비중이 3분의 1 이상이어야 합니다. 학교에서 가정통신문 등을 통해 지원자를 모집하거나 학교운영위원회, 학부모회에서 추천받은 학부모를 학교장이 위촉합니다.

어떻게 활동할까? 학교폭력 신고를 받으면 즉시 학교폭력전담기구에서 관리하는 '학교폭력신고 접수대장'에 기록해야 합니다. 이는 혹시라도 학교폭력이 은폐·축소되는 것을 막기 위해 꼭 필요한 조치입니다. 이후에는 학교장과 관련 학생 보호자 등에게 알리는 동시에 48시간 안으로 교육지원청에

통보해야 합니다. 이때 학교장은 필요에 따라 출석정지 등의 긴급 조치를 취할 수 있습니다.

필요한 긴급 조치가 취해지고 나면 학교폭력전담기구에서 사안 조사에 들어갑니다. 조사는 관련 학생 심층 면담과 주변 학생 조사, 객관적인 자료 수집 등 다양한 방법으로 이루어집니다. 이때 관련 학생과 보호자의 진술은 문서로 작성해 본인 확인 서명을 받아야 합니다. 물론 이 과정에서 학습권이 침해당하지 않도록 유의해야겠죠.

이렇게 조사한 내용을 학교장에서 보고한 뒤 이 사안을 학교장 자체 해결로 처리할지, 교육지원청의 학교폭력대책심의위원회로 넘길지 심의하게 됩니다. 이때 다음 네 가지 조건을 모두 충족해야 학교장 자체 해결이 가능합니다.

1) 2주 이상의 신체적, 정신적 치료를 요하는 진단서를 발급하지 않은 경우
2) 재산상 피해가 없거나 즉각 복구된 경우
3) 학교폭력이 지속적이지 않은 경우
4) 학교폭력에 대한 신고, 진술, 자료 공개 등에 대한 보복 행위가 아닌 경우

이 조건들을 모두 충족한 상태에서 관련 학생과 보호자까지 동의하면 학교장 자체 해결이 이루어집니다. 봉사활

동이나 출석정지 같은 조치 대신 피해자와 가해자 간의 갈등 조정으로 문제를 해결하는 것이죠. 이렇게 되면 긴급 조치로 취해졌던 출석정지는 출석으로 인정될 수 있습니다.

한 걸음 더! 학교폭력 사안을 다룰 때는 무엇보다 비밀 유지가 중요합니다. 학교폭력전담기구의 조사 과정에서 관련 학생들이 소문으로 인해 2차, 3차 피해를 입는 경우가 생기거든요. 또한 학교장 자체 해결 과정에서 단순한 봉합을 넘어 갈등 해소와 관계 회복이 이루어져야 합니다. 이를 위해 경기도교육청 등에서 운영하고 있는 학교폭력갈등조정자문단의 도움을 받는 것도 좋습니다.

08

매뉴얼에 안 나오는
학부모회 운영 노하우

지금까지 인수인계부터 총회, 그리고 각종 위원회 등 그야말로 '실전 학부모회 A to Z'를 살펴보았습니다. 경기도교육청에서 만든 《학부모회 운영 매뉴얼》을 바탕으로 말이죠. 이제 각종 서식이 난무하는 두꺼운 매뉴얼을 자유자재로(?) 활용할 수 있는 능력을 갖게 된 셈입니다.

하지만 아쉽게도, 세상 일이 매뉴얼만 충실히 따른다고 모두 잘되는 건 아닙니다. 자그마한 가전제품 하나도 매뉴얼에 없는 문제들이 생기기 일쑤인데, 서로 다른 사람들이 함께 하는 학부모회야 말할 것도 없겠죠. 어렵기만 한 학교와는 어떻게 관계를 맺는 것이 좋은지, 내 맘 같지 않은 학부모들과는 어떻게 소통하면 좋은지 등의 문제가 특히 그렇습니다. 이런 것들은 경기도교육청뿐 아니라 다른 어떤 교육청에서 만든 《학부모회 운영 매뉴얼》에도 나오지 않지만, 막상 학부모회 활동을 시작하면 크게 고민하게 되는 문제들이죠.

물론 이런 문제들에 정답은 없습니다. 그래도 저희가 현장에서 여러 가지 시행착오를 거치면서 습득한 노하우들은 있지요. 지금부터 매뉴얼에는 없지만 알아두면 매우 도움이 되는 학부모회 운영 노하우를 몇 가지 알려드릴게요. 그리고 한 걸음 더 나아가 생각해보면 좋은 것들도 덧붙이도록 하겠습니다.

학부모회의 동반자, 학교와 관계 맺기

학부모회 활동을 시작하면서 가장 신경 쓰이는 일 중 하나는 학교와 어떻게 관계를 맺을 것인가입니다. 작게는 학부모회 담당 선생님이나 교장선생님께 연락하는 일부터 난감한 표정을 짓는 학교 관계자를 설득해서 새로운 일을 하게 만드는 것까지 다양하죠.

처음 학부모회 활동을 시작하면 선생님께 전화 한 통, 문자메시지 하나 보내는 일도 신경이 쓰입니다. 혹시 내가 예의 없거나 무리한 요구를 하는 것으로 (쉽게 말해 '진상 학부모'로) 보이면 어쩌나, 하는 걱정이 들지요. 내 아이를 가르치는 분들이니 더욱 그렇습니다. 그런 탓에 학급 대표는 자기 학급 학부모 연락처를 달라는 말도 제대로 못 하고, 학부모 회장은 학부모회 행사에 필요한 도움 요청을 망설이기도 합니다.

학교에서 먼저 열린 자세로 학부모회 활동을 적극 지원한다면 문제가 쉽게 풀리겠지만, 아쉽게도 현실에서 이런 일은 잘 벌어지지 않아요. 오히려 학부모회의 활동을 부담스러워하는 학교가 더 많지요. 보통의 학교에서 바라는 학부모회의 모습은 '학교에서 필요한 것들(만)을 적극 지원해주는 자원봉사단체'에 더 가깝거든요. 학부모회에서 앞장서서 뭔가를 하겠다고 나서면, 적극적으로 지원하기보다 난감한 표정을 짓는 일이 더 흔하죠.

학교와 좋은 관계를 맺기 위해서 두 가지를 기억했으면 좋겠습니다. 하나는 학교(교직원)가 학부모회의 동반자라는 점이고, 다른 하나는 학부모(회)가 학교의 손님이 아니라 교육의 주체라는 사실입니다. 동반자 사이에 가장 중요한 것은 신뢰와 존중입니다. 먼저 상대방의 선의를 믿고 인격을 존중해야겠지요. 그러니 "요즘 교사들은 너무 이기적이야." "아이도 없는 젊은 선생이 뭘 알겠어?" 같은 선입견은 내려놓고, 교사를 주어진 조건 속에서 최선을 다하는 교육 전문가로서 바라봐주세요. 그래야 학부모(회) 또한 교육의 주체로 인정받을 수 있으니까요. 그럴 때 비로소 학급 대표나 학부모 회장이 당당하게 교사와 학교의 협조를 요청할 수 있는 겁니다.

하지만 이때도 '맡겨놓은 보따리 내놓으라'는 식으로 다짜고짜 막무가내식 요구는 곤란합니다. 이야기의 내용만큼이나 소통의 형식도 중요하니까요. 당연히 모든 연락은 가급적 업무 시간 내에 해야 하고, 교사 개인 연락처보다는 학교 전화를 이용하는 것이 더 좋지요. 이런 식으로 소통을 늘려가다 보면, 급한 경우 업무 시간을 조금 지나서 문자메시지를 보내거나 개인 휴대전화로 연락을 주고받을 수도 있을 거예요. 교사의 퇴근 시간은 오후 4시 30분이라 수업시간을 빼고 나면 현실적으로 업무 시간 내에 필요한 모든 연락을 주고받는 건 거의 불가능하거든요. 그렇다면 개인 전화번호를 이용해 문자메시지나 카카오톡을 주고받을 수밖에 없지요. 물론 이때도 너무 늦은 시간이나 휴일은 피해야겠죠.

그러나 학부모(회)가 아무리 학교를 믿고 교사를 존중해도, 또 아무리 예의를 갖추고 소통을 해도, 교육 주체로 인정받기 쉽지 않은 것이 현실입니다(말로는 늘 '학부모는 교육의 주체'라고 하지만요). 이런 경우 학교가 필요로 하는 자원봉사는 환영받지만 학부모회 주최로 뭔가를 하려고 하면 가로막히기 일쑤죠. 심지어 '학년별 교사-학부모 간담회'를 제안해도 "올해 교육과정에 학년별 간담회 계획이 없기 때문에 힘들다."라는, 좀처럼 납득하기 어려운 답변이 돌아오기도 해요. 이걸 넘어서려고 학교와 부딪치다 보면 '골치 아픈 민원인' 취급을 받기도 하고요.

학교의 이런 태도에는 두 가지 원인이 있는 것으로 보입니다. 하나는 '교육은 교사가 하는 것이니, 학부모들은 필요할 때 봉사만 하면 된다.'고 생각하는 경우예요. 특히 교장, 교감 같은 관리자가 이런 인식을 가지고 있기 쉽죠. 다른 하나는 교사들이 학부모에게 받은 상처 때문입니다. 사실 교사 대부분이 학부모에게 상처받은 경험이 있어요. 심심치 않게 뉴스에 보도되는 극단적인 경우가 아니라 하더라도, 학부모와의 갈등으로 심리 상담을 받는 건 드물지 않은 일이랍니다. 그런 탓에 학부모들이 떼로(?) 모여서 뭔가를 한다면, 보통의 교사들은 우선 거리부터 두게 됩니다. 물론 모든 교사가 그런 건 아니지만요.

어떤 이유에서든, 학부모가 교육 주체로 인정받지 못하는 건 안타까운 일입니다. 명백히 잘못된 일이기도 하고요. 하지만 문제는 이게 말로 해결되기 어렵다는 것이에요. 아무리 "우리가 학교를 믿고 존중하니, 학교도 우리를 믿고 교육 주체로 인정해달라!"고 말해봤자 별 소용이 없거든요.

그렇다고 방법이 없는 건 아닙니다. 말이 아닌 지속적인 행동과 실천을 통해 교사의 마음을 열고 학교의 인정을 받는 겁니다. 이 과정에서 학부모들의 광범위한 참여를 이끌어낸다면 일석이조가 될 거예요. 경기도의 한 초등학교 학부모회가 딱 그랬습니다. 여기서는 우선 학부모회의 문턱을 낮추기 위해 생활공예 동아리를 시작했답니다. 지역 문화센터를 이용하는 학부모들을 학교 안으로 끌어들이는 것을 목표로 잡았지요. 처음에 10명으로 시작한 동아리가 손뜨개반, 냅킨아트반, 캘리그라피반 등으로 가지를 치면서 수십 명의 학부모들이 모이게 되었다는군요. 그러자 교장·교감선생님이 학부모 상주실 문을 열어보고 관심을 보이기 시작했답니다. 덕분에 학부모회에 대한 지원도 늘어났고요.

이렇게 열심히 만든 작품들을 모아 학부모 공개수업이 있는 날에 전시회도 열었습니다. 학부모들의 호응도 좋았지만 (덕분에 더 많은 학부모가 동아리에 가입하게 되었죠), 이걸 본 6학년부장 선생님이 학생 동아리와의 연계수업을 요청한 것이 큰 수확이었어요. 몇 번의 수업을 성공적으로 끝낸 뒤, 다음 해에는 전 학년 정규 수업으로 편성되었거든요. 학부모회의 제안을 학교가 받아들인 거예요. 학부모가 어엿한 교육 주체로 인정받고 학교 교육과정의 일부를 책임지게 된 것이죠.

이 과정에서 학부모들의 학교 참여가 다양해진 것 또한 큰 소득이었습니다. 동아리 때문에 학교에 자주 오다 보니 자연스럽게 학교의 다른 일에도 관심을 갖게 되었다네요. 이때를 놓치지 않고 관심 분야에 맞는 활동을 적극 추천하니 학부모회 활동이 한층 활발해졌답니다. 등하교 안전에 관심이 있는 학부모는 녹색교통봉사와 학부모폴리스 활동을 하고, 급식에 관심이 있으면 학교급식소위원회, 방과후학교에 관심이 있으면 방과후학교위원회에 들어가는 식으로요. 덕분에 몇몇 학부모가 돌려막기(?)를 하던 각종 위원회들도 알차게 운영되었다고 하네요.

물론 이 사례가 모든 학교에 적용될 수는 없을 겁니다. 학교마다 상황도 사람도 다르니까요. 그래도 이것이 시사하는 바는 큽니다. 학부모회가 살아 움직이면 학교도 교육 주체로 인정한다는 것이죠. 이 사례가 정답은 아니지만 중요한 힌트가 될 수는 있을 거예요.

내 맘 같지 않은 학부모들과 소통하기

몇 해 전 학년 말 즈음, 어느 회의에 모인 여러 학교 학부모회장들이 한 해를 마무리하며 소감을 나눈 적이 있습니다. 한 해를 돌아보며 기억에 남는 일, 좋았던 일, 아쉬웠던 일 등을 이야기하는 자리였지요. 이때 누군가 힘들었던 기억을 꺼내자 모두 가슴속에 담아놓았던 아픔(?)들을 하나 둘 풀어놓기 시작했어요. 처음에는 조심스럽게 이어지던 이야기가 어느새 봇물처럼 터져 나왔습니다. 그중에는 활동이 힘들어서, 혹은 학교가 비협조적이어서 받은 상처도 있었지만 동료 학부모들에게 받은 상처도 적지 않았습니다. 아무리 열심히 준비해도 참여하지 않는 학부모들, 그러면서도 뒷말은 무성한 학부모들에 대한 성토(!)가 한동안 이어졌지요.

학부모의 자발적인 참여를 이끌어내는 건 어려운 일입

니다. 그 전에, 학부모와 원활히 소통하는 것 또한 쉽지 않은 일이죠. 학부모회장뿐 아니라 학급 대표도 그렇습니다. 어느 학급 대표 한 분은 담임선생님이 학부모 연락처를 주지 않으려 해서 겨우겨우 학급 단톡방을 만들었는데, 애써 올린 활동 제안에 아무도 호응을 해주지 않아 그날로 학급 대표 활동을 접었답니다. 또, 한 초등학교 학부모회장은 대의원 밴드를 만드는 것까지는 성공했는데, '학년/반/직책/이름'으로 프로필을 통일해달라는 요청을 대부분이 무시해서 큰 상처를 받기도 했지요.

학부모들과 원활히 소통하기 위해서는 처음에 기대수준을 낮춰 잡는 것이 좋습니다. 입장을 바꿔서 생각해보면, 우리 사회의 보통 학부모들이 학부모회 활동에 별 관심이 없는 게 당연한 일이에요. 먹고살기 바빠 학부모회 일까지 신경 쓸 여유가 없기도 하고, '교육은 학교에서 알아서 하는 것'이라고 생각해서이기도 합니다. 사실 우리를 돌아봐도 학급 대표나 학부모회 임원을 맡기 전까지 학부모회를 어디 신경이나 썼던가요. 괜한 선입견이나 없었다면 다행이지요. 그러니 '무소식이 희소식'이라 생각하고, 별 반응이 없더라도 학부모들과 꾸준히 소통하려고 노력해야 합니다. 일방적으로 요청만 하지 말고 유용한 정보나 미리 알게 된 학교 일정을 공유하는 것도 좋지요. 그러면 하나 둘 반응이 생기고, 이들을 학부모회 참여로 이끌 적절한 기회가 생기기도 한답니다.

가끔은 불러도 대답 없는 학부모들과의 소통을 포기하고픈 유혹이 찾아오기도 합니다. 성과 없이 괜히 상처만 받는 소통 시도 대신, 임원 몇몇이랑 일을 하는 게 빠르고 편하겠다는 생각이 들기도 하죠. 하지만 앞서 인용했던 아프리카 속담처럼, 멀리 가려면 함께 가야 합니다. "한 사람의 열 걸음보다 열 사람의 한 걸음"이라는 격언도 있지요. 또한 학부모들과 소통하려는 노력은 성과가 바로 안 보여도 차곡차곡 쌓이게 마련입니다. 반응이 없어도 누군가는 보고 있으니까요. 이런 노력이 쌓이고 쌓여 언젠가는 참여로 이어지게 되는 거예요.

그래도 '맨땅에 헤딩'이 부담스럽다면 미리 사람들을 좀 심어놓는(?) 것도 나쁘지 않아요. 평소 알던 학부모들에게 부탁해서 호응을 유도하는 겁니다. 밴드에 게시물을 올렸는데 아무 반응도 없으면 계속 올리기가 부담스러울 수도 있거든요. 일종의 마중물인 셈이죠. 이런 부탁이 없다면 아무리 아는 사람이라도 아무 반응 없는 학부모회 SNS에 자기만 댓글을 다는 것이 부담스러울 거예요.

처음부터 아는 사람들과 함께 학부모회 활동을 시작하는 것도 좋은 방법입니다. 학교교육 참여에 관심이 있는 학부모들이라면 더욱 좋겠죠. '자의 반 타의 반'으로 학부모회장을 맡아야 할 상황이 되었다면, '타의'에 해당하는 사람들에게 임원이나 학년·학급 대표 등을 맡게 할 수도 있고요. 물론 '끼리끼리 다 해먹는' 구조가 되어서는 곤란하겠지만, 더 많은 학부모의 참여를 위해 뜻이 맞는 사람들이 먼저 시작하는 것은 바람직한 일입니다. 이런 의미에서 학부모회 임원 선거를 '러닝메이트' 형식으로 치르는 것도 좋겠다고 생각합니다. 물론 지금처럼 학부모회 임원 숫자 채우기도 힘든 경우가 많다면 어렵겠지만 말이죠.

아는 사람 하나 없이 학부모회 활동을 시작했다면 함께 일할 사람을 찾아봐야 합니다. 회장이라면 마음 편하게 일을 부탁할 사람이 꼭 필요해요. 그리고 되도록이면 일을 나누어 하는 것이 좋고요. 학부모회 일이라는 게 회장에게 몰리게 마련이거든요. 학교나 교육지원청에서 요청하는 일까지 처리하다 보면, 무엇 하나 성과로 남는 일이 없이 시간만 들이게 되기 십상이죠. 잘 알고 편하게 일을 같이 할 수 있는 학부모를 총무(간사)로 지명하는 것도 좋습니다.

어느 학부모회나 무성하게 마련인 뒷담화 또한 학부모들과의 원활한 소통을 어렵게 만드는 요인입니다. 이건 동시에 소통이 원활하지 않은 결과이기도 하죠. 사실 어떤 단체든 대표는 욕먹기 좋은 자리입니다. 한 나라의 대통령이나 지방자치단체장뿐 아니라 학부모회장도 마찬가지예요. 언뜻 '무슨 권력이 있는 것도 아니고 무보수 봉사직인데 뭐 욕먹을 일이 있을라고?' 하고 생각한다면 큰 착각이라고 말씀드리고 싶네요. 학부모회장은 다양한 이유로 욕을 먹습니다. "너무 나대는 꼴이 보기 싫다."는 존재론적 이유부터 "모든 일을 자기 마음대로 한다."는 정치적인 이유, "자기 애가 이러저러한 특혜를 받았다더라."는 법률적인 이유까지 다양하죠. 이 모든 욕은 '뒷담화'의 형식을 띠게 되고, 신기하게도 대부분의 뒷담화가 어떤 식으로든 회장의 귀에 들어옵니다.

그러니 학부모의 뒷담화는 으레 있는 것이려니 생각하고 운명으로(!) 받아들이는 것이 정신건강에 좋습니다. 굳이 먼저 알려고도 하지 말고, 들려오는 것을 피하려고도 하지 마세요. 처음엔 속이 쓰리지만 점점 익숙해질 거예요. 일단 뒷담화가 들려오면 자신을 돌아보는 것도 필요합니다. 내가 혹시 잘못한 것은 없는지, 오해를 살 만한 일은 하지 않았는

학교와 좋은 관계를 맺기 위해서
두 가지를 기억했으면 좋겠습니다.
하나는 학교(교직원)가
학부모회의 동반자라는 점이고,
다른 하나는 학부모(회)가
학교의 손님이 아니라 교육의 주체라는
사실입니다. 동반자 사이에
가장 중요한 것은 신뢰와 존중입니다.
먼저 상대방의 선의를 믿고
인격을 존중해야겠지요.

지, 소통이 부족했던 것은 아닌지 말이죠. 그래서 고칠 부분이 있다면 고치고 뒷담화 자체는 버리는 겁니다. 특히 뒷담화의 상당 부분이 소통 부족에서 기인하는 경우가 많으니, 평소 학부모회 운영을 투명하게 공개할 필요가 있어요. 그래도 뒷담화가 들려온다면, 이것도 학부모들의 관심이려니 하고 긍정적으로 받아들이세요. 혹시 누가 압니까? 욕을 많이 먹는 게 장수에 도움이 될지.

학부모회 활동, 한 걸음 더

아직은 학부모회의 기본을 갖추는 것도 버거운 상황이지만, 가끔은 앞으로 학부모회가 나아가야 할 방향에 대해 고민해보곤 합니다. 학부모들의 자발적인 참여가 활성화되어 학부모회가 학부모 자치조직으로 튼튼히 서면 해보고 싶은 일들이 제법 있거든요. 그중 하나가 '학교자치와 학교민주주의'입니다. 좀 거창하게 들리지만, 따지고 보면 이것 또한 기본 중의 기본이라고 할 수 있습니다. 자치와 민주주의란 사회의 토대를 이루는 일이니까요.

학교자치란 학교 구성원들이 학교의 일을 스스로 결정하는 시스템입니다. 지금까지, 아니 지금도 학교는 교육부나 교육청에서 내리는 공문 없이는 무엇 하나 스스로 결정하지 못하는 일이 허다합니다. 처음에는 교육 관련 기관의 지나친 간섭에 반발하던 교직원들도 어느새 "공문이 없으면 일을 못 한다."고 말할 정도로 타율에 익숙해졌지요. 가끔 '학교의 자율적 판단'을 주문하는 공문이 내려오기도 하는데, 이는 책임을 일선 학교로 돌리려는 꼼수인 경우가 많습니다. 세상은 4차 산업혁명이다, 인공지능이다, 뉴노멀이다해서 정신없이 변하는데 아직도 '공문'에 의지해 모든 것을 결정하는 학교라뇨!

지방자치를 시작한 지도 벌써 수십 년인데, 학교자치는 아직 첫걸음도 제대로 못 뗀 상황입니다. 학교운영위원회가 20여 년 전에 만들어졌고 최근 학교자치 조례도 생겼지만 앞으로 나아가는 것처럼 보이지는 않습니다. 실질적인 역할을 하는 학운위는 가뭄에 나는 콩보다 드물고, 학교자치 조례도 아직 선언에 불과한 것이 현실이에요.

제대로 된 학교자치를 이루기 위해 학교민주주의 또한 필수입니다. 그러지 않으면 학교자치가 자칫 '학교장 자치'로 변질될 수도 있으니까요. 학교민주주의를 이루기 위해서는 각 교육 주체를 대표할 수 있는 자치단체들이 필요합니다. 마치 현대 민주주의에서 정당이 필수적인 것처럼 말이에요.

학생회와 교직원회, 학부모회 등이 대표적이죠(교직원회는 교원회와 직원회로 나눌 수도 있어요). 이런 단체들 또한 민주적으로 운영되어 각 교육 주체들을 실질적으로 대표해야 합니다. 이들이 모여 견제와 균형, 대화와 타협을 통해 학교자치를 이루어나가는 거예요. 여기에 지역사회까지 결합한다면 명실상부한 '마을 교육공동체'가 이룩되는 셈이겠죠.

하지만 학교자치와 학교민주주의는 아직 먼 이야기입니다. 학생회는 활동에 제약이 많고 학부모회는 참여가 저조하며 교직원회는 아직 구성되지 않은 곳이 더 많으니까요. 그래도 학교자치와 학교민주주의는 우리 모두가 가야 할 길입니다. 이는 또한 우리 사회의 민주주의를 완성하는 길이기도 합니다. 이 길에 우리 학부모회가 앞장설 수 있다면 얼마나 좋을까, 생각해봅니다.

학교자치와 학교민주주의가 제대로 작동한다고 해도 모든 문제가 해결될 리는 없습니다. 이것들이 그 자체로 완벽한 제도가 아닐뿐더러, 아무리 제도가 완벽해도 소외되는 사람들은 늘 있게 마련입니다. 여러 가지 이유로 학부모회 활동에 목소리를 담기 어려운 학부모들, 조손가정이나 다문화가정 등이 그렇죠. 지금 상황에서는 맞벌이가정 또한 학부모회 활동에서 소외되기 쉬운 그룹입니다. 앞으로 학부모회가 이들의 목소리를 찬찬히 듣고 활동에 반영했으면 좋겠습니다. 사회경제적으로 여유 있는 중산층 학부모들만의 단체가 아니라, 모든 학부모의 자치단체가 되었으면 좋겠습니다.

학교는 모두가 배우고
성장하는 곳

가끔 주변 사람들이 묻습니다.

"아이 학교에 꿀단지 숨겨났어? 왜 그리 뻔질나게 드나들어?"

"그렇게 매일 학교에 가면 수고비라도 좀 받으세요?"

그러면 저희도 농담 반 진담 반으로 대답하죠.

"응, 학부모 상주실에 꿀단지 숨겨났으니 자기도 놀러와."

"아뇨, 학부모회 활동하면서 돈을 받았으면 재벌 소리 들었겠죠."

아주 가끔은 의심의 눈초리도 느껴집니다. 학부모가 학교에 열심히 드나드는 건 뭐 하나라도 자기 아이에게 혜택을 주려는 것 아닌가 하는 시선이죠. 예전에는 그런 이유로 학교에 드나들던 시절도 있었다니, 그렇게 오해할 수도 있겠다 생각하고 넘어갑니다. 그런데 이런 시선은 내 아이가 소위 '모범생'과는 거리가 멀다는 것이 알려지면 한심하다는 눈빛으로 바뀌기도 합니다.

"저 집은 엄마가 SKY에 갈 건가봐~"

이런 뒷담화가 들려오면 속이 상하는 건 인지상정입니다. 그때는 정말 가슴에 손을 얹고 자문하게 되죠. '나는 도대체 무슨 부귀영화를 보려고 이렇게 학교에 자주 가는 걸까?' 하고요. 암만 생각해봐도 학부모회 활동에 부귀영화 따위는 없습니다. 나름 보람이야 있지만 나라를 구하는 일도 아니죠. 그렇다고 내 아이가 공부를 잘하게 된다는 보장도 없어요. 아니, 아이를 혼자 집에 두고 학교에 가는 경우가 다반사니 오히려 그 반대 경우가 더 자연스럽겠네요. 그렇다면 우리는 왜 이렇게 거의 매일같이 학교에 가는 걸까요?

찬찬히 생각해보니 이유가 있었습니다. 우선 학부모가 되어 다시 가는 학교가 신기하고 재미나더군요. 우리 때랑 비슷하면서도 사뭇 다른 모습이 그렇게 느껴지는 거예요. 거기다 내 아이가 공부하는 곳이니 더욱 특별한 느낌이죠. 학교에서 마주치는 아이들이 어쩜 하나같이 내 아이처럼 귀엽고 대견하고 사랑스러운지요! '책 읽어주는 엄마/아빠'가 되어 교실에 들어갈 때나, 떡볶이와 어묵을 준비해서 등교 맞이를 할 때나, 급식 모니터링을 하러 간 급식실에서 아이들의 재잘거리는 소리를 들을 때 항상 가슴 벅차옵니다.

거기다 함께 손잡고 으쌰으쌰 일을 꾸미는 학부모들을 만나는 재미도 쏠쏠합니다. 그렇게 같이 하는 활동이 우리 아이들 모두에게 도움이 된다니 더욱 뿌듯하지요. 함께 아이들 줄 간식을 포장하면서 사는 이야기, 아이 키우는 이야기를 하다 보면 "맞아, 맞아!" 하면서 손뼉을 치는 일도 자주 생겨요. 그러다 보면 어느새 일상에서 쌓인 스트레스가 훌훌 날아가버리죠. 가끔 복도에서 마주친 선생님이 반갑게 인사를 해주시면 힘이 나기도 합니다. "지난번에 너무 고생하셨어요. 덕분에 아이들이 어찌나 좋아하던지요." 하는 말이라도 듣는다면 그야말로 날아갈 듯한 기분이 된답니다.

그리고 무엇보다, 우리는 학교에서 많은 것을 배웁니다. 학생도 아니고 학부모가 학교에서 뭘 배우냐고요? 우리도 처음엔 몰랐습니다. 봉사하러 간 학교에서 이렇게 많은 것을 배우게 될 줄은요. 가장 먼저 배운 건 아이들에 대한 생각이었습니다. 집에서 내 아이만 볼 때는 안 보이던 것들이 학교에서 우리 아이들을 통해 보였어요. 각 반으로 들어가 책을 읽어주거나, 학교 행사 때 자원봉사를 하거나, 중고등학교 '학부모폴리스'가 되어 학교 안팎을 돌아다닐 때 특히 그랬습니다. 내 아이를 좀 더 객관적으로 보게 되는 느낌이랄까요. 이렇게 시야가 넓어지니 집에서 아이를 대할 때 많은 도움이 되었지요.

다음으로는 선생님과 학교에 대해 배우게 되었습니다. 학부모회 활동을 시작하기 전까지는 선생님들이 아이들 수업 말고도 이렇게 많은 일을 한다는 사실을 몰랐습니다. 학부모회 담당 선생님은 우리를 돕는 일만 해도 많은데, 이것 말고도 여러 가지 일을 맡고 계셨어요. 하루에도 몇 번이나 교육청, 교육지원청에서 내려오는 공문을 처리하느라 정말 눈코 뜰 새 없이 바쁘게 일하시더라고요.

여러 가지 위원회에 참여하니 학교가 돌아가는 모습을 조금 더 잘 알게 되었습니다. 학교 운영 전반을 다뤄야 하는 학운위는 말할 것도 없고, 물품선정위원회에서 물건을 하나 구입하는 것도 세심한 과정을 거친다는 걸 배우게 되었지요. 행정의 투명성을 높이고 아이들 교육에 더 도움이 되게 하려고 말이에요. 이전에는 좀 이상하게 느껴졌던 일들도 학교의 시스템을 알게 되자 이해되는 부분이 많아졌고, 이렇게 바꾸면 더 좋겠다 싶은 것들도 보이게 되었죠. 아무래도 학부모는 교직원과는 또 다른 시선으로 문제를 바라볼 수 있으니까요.

이렇게 하나 둘 학교 일에 참여하다 보니, 어느 순간 우리가 '민주시민'으로 성장하고 있다는 생각이 들었습니다. 학생들이 '학생자치 활동'을 통해 민주시민 교육을 받는 것처럼, 학부모들도 '학부모회(자치) 활동'을 통해 민주시민으로 성장해가는 것이죠. 여기에 교직원들까지 참여해서 학교자치와 학교민주주의를 함께 이루어나간다면, 결국 학교란 모두가 배우고 성장하는 곳이 되는 셈입니다. 이렇게 모두가 함께 배우고 성장하는 것이야말로 더 좋은 학교, 더 좋은 교육으로 가는 길이라고 생각합니다. 이 책을 읽는 분들도 이 길에 함께하셨으면 좋겠습니다.